ちくま学芸文庫

賤民とは何か

喜田貞吉

JN259156

筑摩書房

賤民とは何か　目次

賤民概説　011

賤民とは何か

初出一覧

『賤民概説』(『日本風俗史講座』1928.10)
「牛捨場馬捨場」(『歴史地理』43巻5号、1924.5)
「放免考」(『社会史研究』10巻1、2号、1923.7、8)
「旃陀羅考」(『民族と歴史』8巻5、6号、1922.5、6)
「濫僧考」(『社会史研究』9巻3号、1923.3)
「濫僧考補遺」(『社会史研究』10巻1号、1923.7)
「特殊部落ということについて」(『民族と歴史』3巻7号、1920.6)

賤民概説

1 緒言

「賤民」の研究は我が民衆史上、風俗史上、最も重要なる地位を占むるものの一つとして、今日の社会問題を観察する上にとっても、参考となすべきものが少くない。しかしながらその及ぶ範囲はすこぶる広汎に渉り、予が従来学界に発表したるものの如きは、いずれもこれが一部分の研究たるに過ぎず、しかもなお未だ研究されずして遺されたものまたすこぶる多く、今これを全般に渉って記述せんことは、到底この講座の容さるべきところではない。よってその詳述は、従来既に発表し、もしくは将来発表すべき部分的の諸研究に譲って、ここにはただ、かつて或る融和事業団体において講演せる草案をもととして、その足らざるを補い、なるべく広く多方面に渉って、その沿革を概説するに止めんとする。

まず第一に述ぶべきことは、いわゆる「賤民」の定義である。言うまでもなく「賤」は

「良」に対するの称呼で、もし一般民衆を良賤の二つに分つとすれば、いわゆる良民以外は皆ことごとく賤民であるべき筈である。しかしながら、何を以てその境界とするかについては、時代によってもとより一様ではない。大宝令には五色の賤民の名目が掲げられて、良民との関係がかれこれ規定せられているが、それはその当時における国家の認めたところであって、事実はその以外に、なお賤民と目さるべき民衆が多かった筈である。またその法文は、実際上後世までも有効であった訳ではなく、ことに平安朝中頃以後には、大宝令にいわゆる賤民中の或る者が、その名称そのままに社会の上流にのぼり、かえって貴族的の地位を獲得したというようなこともあれば、従来良民として認められていた筈のものが、その名称そのままで社会のドン底に沈められ、賤者の待遇をしいられたようなこともある。また一旦落伍して世の賤しとする職業に従事し、賤者の待遇を受けていた程のものでも、後にはそれがその職業のままに、社会から一向賤しまれなくなったという類のものも少くない。したがって古今を一貫して、良賤の系統を区別して観察することは到底不可能である。要はただその当時の社会の見るところ、普通民の地位以下に置かれたものを「賤民」の範囲に収めるよりほかはない。普通民はすなわち良民で、平民である。平民以上のものはすなわち貴族で、それはもちろん今の問題外である。さればこの講座においては、貴族平民以外のものをすべて「いわゆる賤民」として、以下これを概説することとする。

2　良民とは何ぞや

いわゆる賤民の範囲を観察せんには、まずもってその対象たるべき良民の性質を観察することを必要とする。

大化の改新は従来の階級的社会組織を打破して、すべての民衆を同等の地位に置いたものの如く普通に考えられている。しかしながら事実は必ずしも然《しか》らず、従来部曲《べのかき》等の名を以て貴族の私民となり、半自由民の地位にあったものを解放して、公民すなわち「百姓」となしたに止まり、奴婢階級の賤民の如きは、相変らず新法の上に認められたのであった。大化元年の詔の中に「男女の法」を規定して、

> 良男良女共所レ生子、配二其父一。若良男、娶レ婢所レ生子、配二其母一。若良女、嫁レ奴所レ生子、配二其父一。若両家奴婢所レ生子、配二其母一。若寺家仕丁之子者、如二良人法一。若別入二奴婢一者、如二奴婢法一。今克見三人為二制之始一。

とある。ここに「賤」という文字はなきも、良人の法と奴婢の法とを相対して、いわゆる

良賤の間に、判然たる区別の存在が示されているのである。そして「日本紀」には、「良男」をオオミタカラオノコ、「良女」をオオミタカラメノコ、「良人」をオオミタカラ、「奴」をオノコヤッコ、「婢」をメノコヤッコと傍訓してある。奴婢をヤッコということについては後に譲る。ここにはまず、良人をオオミタカラと呼ぶことについて観察したい。

オオミタカラの語、右の良人以外に、「百姓」「公民」などの訓にも用いられている。「政事要略」には、「大御財」の文字をあて、後のこれを解するもの、百姓すなわち農民は、食物を供給する大切なもので、すなわち天皇の「大御宝」であるという。崇神天皇の詔にも、「農は天下の大本なり」とあって、農民が国家の至宝であるには相違ないが、しかしそれが為に、これを天皇の大御宝と呼んだとは思われぬ。

案ずるに、オオミタカラは「大御田族《おおみたから》」で、天皇の大御田を耕す仲間ということであろう。古語にヤカラ（家族）、ウカラ（親族）、ハラカラ（同胞）、トモガラ（輩）など、「カラ」という語を仲間の意に用いている。大化以前には国造県主《くにのみやつこあがたぬし》等の所領の外に、天皇直轄御領の公田すなわち大御田があって、その農民すなわち公民を大御田族と呼んだものであったであろう。もちろん国造県主等の私田を耕す農民は、その私民であって、同じ農民でもオオミタカラとは呼ばれなかったであろう。しかるに大化の改新によって、日本の田地は、原則としてみな天皇の大御田となったのであるから、その田を耕す農民はすなわちことごとく大御田族であらねばならぬ。そしてその農民が、同時に当然公民であり、良民であったのである。大化改新の政治では、人民の戸口を按じ、田地を校し、戸籍によって班田収授の法を行われたのであった。さればいやしくも国家の公民として、戸籍に登録せられた程のものは、原則としてことごとく口分田の班給にあずかり、自らこれを耕すところの農民、すなわち大御田族であった筈である。これは農を以て大本とする我が国において、まさにしかるべきところでなければならぬ。

さらにこれと併せ考うべきことは、「百姓」という語がただちに農民を意味することとなり、漢字の「民」に当つるに「タミ」という邦語を以てしたことである。

本来「百姓」とは、あらゆる姓氏を有するものの総称で、その語にはもとより農民という意味はない。姓氏を有するものはすなわち公民で、賤民には姓氏がない。これは古代の戸籍を見れば明らかである。しかるにその百姓たる公民は、原則としてことごとく口分田の班給を得て、すべてが農民であったが為に、遂には百姓すなわちただちに農民ということになったに相違ない。後には農民以外の雑戸の徒も、解放せられて平民の仲間となり、農民以外の百姓も出来た筈ではあるが、それは第二次的意義の転化で、原則としては百姓すなわち農民であったのである。また「タミ」の語は、本来「田部」であったと解せられる。余戸《あまるべ》を後世時に余目《あまるめ》に訛り、「田部井」と書いてタメガイと呼ぶ姓のあるように、田部が「タメ」となり、さらに「タミ」と転じたものであろう。田部はすなわち農民である。そしてその農民の名称たるタミの語が、ただちに一般人民の名称となったということは、国家の認むる人民がこれただちに農民であった事を示したものでなければならぬ。

果してしからば、しばらく貴族の問題を別として、一般民衆の間にあっては、農民のみが公民であり、その以外のものは、原則として賤民と見るべきものであった筈である。無論その賤という程度に相違があったとはいえども。

3 ヤッコ（奴婢）

原則として公民すなわち農民のみが、良民すなわちオオミタカラであるとすれば、それ以外のものはすべて賤民であるべき筈であるけれども、前記大化の改新の詔にも、特に良男良女と奴婢《ぬひ》との関係をのみ規定して、他に及ばず、奴婢以外に賤民がありとしても、この場合それは国法上の問題に上っていないのである。大宝令にはいわゆる五色の賤民として、陵戸、官戸、家人《けにん》、官奴婢《ぬひ》、私奴婢《ぬひ》の五種を数えている。しかしその官戸というは、その次の家人というと同一種類に属するもので、官奴婢と私奴婢とを分ったと同じように、その所属が官にあることを示して区別したに過ぎない。もちろん官戸、官奴婢と、家人、私奴婢との間には、待遇上多少の相違はあるとしても、その種類の上から云えば、畢竟は家人、奴婢と、陵戸との三種となる。しかもその家人とは、奴婢の上級なるもので、天平十九年の「法隆寺資財帳」に、家人何口奴婢何口と区別して列挙し、しかもそれを総称しては奴婢何口と数えてあるのを見れば、つまりは奴婢の徒である。さればいわゆる五色の賤民の別も、詮じつむれば陵戸と奴婢との二つとなるのである。しかもその陵戸が、特に国法上賤民の中に数えられたについては、特別の意味のあることで、これは後の説明に譲り、これを除けば、広い意味の奴婢のみが、いわゆる賤民として挙げられているのである。

「奴婢」を「日本紀」にはヤッコと訓《よ》ませてある。コは「人」の義で、江戸ッ子、捕子《とりこ》(囚人)などの「コ」であり、ヤッコは「家《や》ッコ」、すなわち「家の人」で、その家に従属するものの義であろう。中世武士の従属者に「家《いえ》の子《こ》」「郎党」などというものがある。これも畢竟は同義で、その家に属する人という義であると解する。すなわち本来は他人の家に属するもの、すなわちいわゆる主人持ちの義である。されば社会の上流に位する貴族の如きも、これを天皇に対し奉って、やはり家《や》ッ子《こ》にほかならぬもので、国造、伴造をクニノミヤツコ、トモノミヤツコと訓むのは、「国の御奴」、「伴の御奴」の義でなければならぬ。そして「家人」とは、ヤッコすなわち「家の人」を文字そのままに音読したもので、それを中世には邦語で呼んで、「家の子」と云ったにほかならぬ。すなわち通じてはいずれもヤッコ(奴)である。

いわゆる五色の賤民は、良民と通婚が許されぬばかりでなく、同じ賤民同士の仲間においても、お互いに当色の者同士のみが婚すべきことになっている。そしてその陵戸の問題はしばらく措き、官戸以下の四色の賤民にありては、通じては皆ヤッコとして、天皇直属の民ではない。天皇に対し奉ってはいずれも又者《またもの》の地位におり、国家の公民ではないのである。これ特に賤民として、国法上その身分を厳格に区別し、互いに相紊《みだ》れざらしめて、以て社会の秩序を正し、兼ねて所属主の財産権を擁護した所以のものであった。

家人、奴婢（官戸、官奴婢とも）は畢竟同じくヤッコであって、服装までも橡《つるばみすみぞめのころも》黒衣を着せて良民と区別し、その子孫は特別の場合以外、永久にその主人に属すべき性質のものである。中について家人は、奴婢の高級のものとして、国法上特別の扱いを与えられていた。すなわち家人は一家を為して主人に属するもので、主人も任意にこれを売買するをえず、またその家族全部を挙げて任意に駆使することも許されなかった。しかるに奴婢は純然たる奴隷であって、公には夫婦親子の関係をも認められず、牛馬と同じく全く主人に飼養せられて、単に労役に従事し、主人の任意に売買譲与をもなしえた程で、全くその人格を認められなかったものである。

かくの如く、いわゆる良民と賤民との間において、また賤民同士の間において、国法上厳重な差別が設けられてはあっても、それは単に境遇上のみの問題で、決して民族上の問題ではなかった。いわゆるヤッコとして全くその人格が認められなかった程のものでも、人そのものが賤しいのではない。良賤の別は全く境遇によって定められたもので、境遇が変れば賤民もただちに良民となりうる。大宝令の規定によれば、官奴婢は年六十六に達すれば優待して官戸となす、癈疾となった場合も同様であった。さらに年七十六に達すれば、解放して良民となし、願う所に貫籍することになっている。或いは臨時に、官奴婢を解放してただちに良民と為した場合も少くなかった。私の奴婢でも同様で、或いは主人の意志により、或いは相互の諒解により、或いは自ら贖《あがな》って、家人に昇級したり、良民になったりしうるのである。家人を解放して良民となしうることも同様である。この場合、本属の官庁に申告して、家人奴婢の戸籍より除き、良民の戸籍に付けてもらえば、それでよいのであった。

彼らは賤民の身分であっても、やはり田地の班給を受けて農業に従事した。普通良民は男子に田二段、女子に一段百二十歩ずつを受ける制で、官戸及び官奴婢はこれに同じく、家人及び私奴婢は、土地の寛狭に従ってその三分の一を供せられる。彼らは被使役者であっても、やはり食料を要するからである。

奴婢の起原には、征服せられた異民族、戦争の際に生じた捕虜などというような場合も想像せられ、現に征夷によって得た蝦夷の捕虜を、神饌として神社に寄付し、或いは奴隷として公卿に賜わったという実例もあった。されば時には実際上民族的差別を有するものがないとは言えないが、しかし原則としてその差別は民族によるものではない。同じ異民族でも、決してそのすべてが賤民として待遇せられたのではない。前記の場合の如きも、捕虜になったという境遇がしからしめたので、民族を異にするという為ではない。もっとも遠い遠い大昔には、秦民のすべてが諸国に分散して、臣連の為にその欲するままに駆使せられたと云う事実もあって、いわゆる秦人《はたびと》がその族を挙げて奴隷の境遇に落ちたというようなことも無いではなかったが、それも雄略天皇の十五年に解放せられて秦造《はたのみやつこ》の部民となった。されば少くも歴史時代における実際には、犯罪者或いはその一族の官没せられたもの、或いは合意的に売られた子弟、その他誘拐掠奪等から生ずるもので、要するに生存競争上の劣敗者、社会の落伍者ともいうべきものが賤民となったのであった。したがって事情がこれを許し、解放を得さえすれば、彼らはいつもとの良民となるも、何ら支障がなかったのであった。

4 陵　戸

奴婢と並べて大宝令に、五色の賤民の一つとして数えられた唯一つの陵戸は、少しく性質の違ったものである。彼らはむしろ後に説明する雑戸とか、品部《ともべ》とかいうべき種類のもので、一定の職業に従事する部族であるが、しかも他の雑戸や品部が賤民の仲間に数えられずして、ただひとり陵戸のみがここに加えられたことは、同じく一定の職業に従事するものとはいえ、その従事するところが陵墓の事に関し、穢れに触れるという思想から、特に賤視せられたものであろうと思われる。顕宗天皇元年五月、狭々《ささ》城山君韓帒宿禰《きのやまのきみからふくろのすくね》、天皇の御父市辺押磐皇子《いちのへのおしはのみこ》殺害の罪に連坐して、特に死一等を許され、陵戸にあてて兼ねて山を守らしめ、籍帳を削り除いて、山部連に隷せしむとある。罪科によって官没せられたのであった。かく陵戸は、時として新たに加えられることがあって、もちろんその子孫は陵戸の賤職を世襲せしめられたのであろうが、大体としてその家が極まっておって、その身分が賤しいがために、逃亡その他の事情から、その数が減じこそすれ、自然増加の率は少く、しかも陵墓の数は世とともに増加して、需要を充たすに足らなくなる。そこで持統天皇の五年に、陵戸の数を定め、先皇の陵には五戸以上、自余の王及び有功者には三戸を置く事になった際、陵戸不足の場合は百姓を以てこれに充《あ》て、その徭役を免じて三年交替の制を立てられた。これが「延喜式」にいわゆる「守戸」に相当するものであろう。「延喜式」には守戸は十年交替となっている。三年交替ではその煩に堪えなかったのと、一方徭役を免ぜられる特典があったが為に、彼らもその職に甘んじて、あまり短期の交替を望まなかったためでもあったとみえる。

因に云う、後世近畿地方にシュクと呼ばれた賤者階級の徒があった。解するものこれを以て守戸の後となし、余輩またかつてはその説に従ってみた事があったが、後に至って必ずしもそのしからざることを明らかにした。別項「シュク」の条下を見られたい。「延喜」の諸陵寮式には、各陵墓についてそれぞれ陵戸守戸の数を記してある。身分は違っても同一職務に服したものであった。後いつとはなく諸陵寮の管理も廃し、陵墓の多くはその所在を忘れられるようになって、陵戸守戸の末路も不明になってしまった。

5 ハシヒト（間人）

陵戸は大宝令に賤民の中に数えてあっても、もちろん奴婢の徒ではない。ただその身が穢れに触れるということから、特に賤民の籍に収められたもので、職業から見た性質上では、むしろ雑戸の部類に属すべきものだと解せられるが、その以外の一般の雑戸は貴族に属する部曲の民などとともに、良民とも賤民ともつかぬ、中間階級のものとして認められていた。いわゆるハシヒトの類で、それを文字に「間人」と書いた。或いはその文字のままにマヒト、または転じてマウトなどと呼んだこともある。良賤両者の中間に位置するということであろう。

大化以前の「間人」に関する具体的実例は、不幸にして古文献に見当らぬ。しかし姓氏及び人名として、しばしばそれがあらわれている。間人連《はしひとのむらじ》、中臣間人連、丹比間人宿禰、間人穴太部王《はしひとのあなほべ》、間人穴太部女王、間人皇女《はしひと》などこれである。この「間人」の二字、古くハシヒトと訓ませてあるのであるが、奇態な事には、「古事記」に「間人穴太部王《はしひとのあなほべ》」とある欽明天皇の皇子の御名を、「日本紀」には「埿部穴穂部皇子」に作り、その古訓に、「埿部」を「ハセツカベ」と訓ませている。これによって「埿部」すなわち「ハセツカベ」が、すなわち「間人」であることが知られる。

ハセツカベはすなわち駆使部《はせつかいべ》で、「日本紀」には「駈使奴《つかいびとやつこ》」などいう文字を用い、普通に姓氏としては「丈部」または「杖部」の文字を用いている。けだし彼らはもと駆使《はせつかい》に任ずる賤者で、杖を突いて駆けまわるが故に、文字に会意上「杖部」と書き、略して「丈部」と書いたのであろう。しかもそれを一に「埿部」とも書くに至っては、一考を要するものがある。

大宝令に宮内省の被管土工司があり、土作瓦埿を掌《つかさど》り、これに二十人の泥部がついている。「義解」に、「瓦埿は猶瓦といふが如し、埿を以て瓦となす、故に連ね言ふなり」とあって、またその泥部については、「集解」に、「波都賀此之友造」とある。これは文字のままならば、当然「ハツカシのトモノミヤツコ」と読むべきもので、したがって「日本紀」古訓埿部をハセツカベとあるのは、ハツカシベの誤まりだとの説もある。しかし泥部を何故にハツカシべと云ったかについては、もちろん説明が出来ず、また意義をなさぬ。これを他の例から見ても、「此」字を「シ」の仮名に使ったことも珍らしい。けだしここに「波都賀此」とは、疑いもなく「波世都賀比」の誤写で、泥部すなわち「ハセツカヒ」の「トモノミヤツコ」であったに相違ない。

ハセツカイは本来駆使に任ずる賤者の称で、「日本紀」に駈使奴をツカイビトヤッコとある通り、低級なる使用人の名称となっていたのである。そして泥工或いは涅部の如き賤職に従事したものは、これと同一階級の身分なるが故に、通じて然《し》か呼んだものか、或いは泥工の徒が同時に駆使に任じたものであったと思われる。泥工は元来土師部《はじべ》の職である。すなわち土師《はし》人《ひと》である。そしてその身分は良民と賤民との中間に位するものであるが故に、文字にそれを「間人」と書いて、ハシヒトと云ったもので、そのハシヒトが同時にハセツカべと呼ばれたものであることが知られる。すなわち土師部（涅部）、間人、駆使部は、畢竟同一身分のもので、良賤両者の中間にいたものであった。無論雑多の職業に従事するいわゆる雑戸の徒も、畢竟は同一身分のもので、その中特に陵戸となったもののみが、国法上賤民として数えられたにほかならぬ。

平安朝時代に、下賤の使用人をハシタオトコ、或いはハシタメと云う称があった。文字には「半男」または「半女」と書く。今も物の全からざることをハシタと云うのはこれであるが、その名称はけだしもと間人すなわちハシヒトから起ったものであると解する。ハシヒト約《つづ》まりてハシトとなり、さらにハシタとなるに不思議はない。そして後に武家の中《ちゅう》間《げん》と呼ばれる下男は、そのハシタオトコを音読したものに外ならぬ。半端《はんぱ》なことをチュウゲンという語は、すでに平安朝の文学に見えている。チュウゲン（中間）すなわちハシタ（半）で、もと間人の義であることは明らかである。彼らは身分上賤民ではないが、さりとて良民としては待遇されなかったのであった。

徳川時代になって、土佐では水呑百姓の類をモート（間人）と云って、もちろん賤民扱いはしないが、一人前の人格を認めなかった。阿波では同じく「間人」と書いてマニンと呼び、半人前の人格をしか認められなかった一階級があった。やはり水呑百姓の徒である。藩から賦課する課役役銀の如きも、普通の百姓の半額を負担させられたものであった。これすなわち身分上古えにいわゆるハシヒト、ハセツカベに相当するもので、良民と賤民との中間に位置したものである。

阿波ではまた、間人の同階級に来人《きたりにん》というのが認められていた。他所から浮浪して来て住みついたもので、普通は昔の雑戸の如く、鍛冶屋、桶屋など雑多の工業的職業に従事し、維新後なお普通の百姓とは差別されていた。明治四年エタ非人の称を廃して平民となした時に、彼らも平民の地位を翹望《ぎょうぼう》し、願書を提出して、「平民申付候事」という滑稽な処分を受けた実例がある。その他讃岐に「西国」、淡路に「シャシャミ」(沙弥?)など、地方によって種々の名称を以て差別された家筋があったが、それらは大抵浮浪者の末で、永く良民に齢されず、いわゆる間人同様の身分に置かれたのであった。

近畿地方では、俗にいわゆる番太或いは熅房《おんぼう》をハチと呼ぶところがあった。山陰地方に鉢屋《はちや》と呼ばれたものもやはりハチで、土師《はじ》の義であると解せられる。ハチはハシの転で、すなわちハシヒトの義である。彼らは事実上では社交的にいわゆる間人以下の身分に置かれていたけれども、その名称は彼らがもと三昧聖《さんまいひじり》の徒として、葬儀の事にあずかるところから、土師《はじ》という古い称呼が用いられたものであったに相違ない。古えの土師部はもちろん賤民という階級ではなく、駆使部《はせつかべ》なる使用人《つかいびと》等と同じく、間人として待遇せられたものであった。かくて徳川時代のマニン、モウトに至るまで、同じ階級のものをすべて中間、ハシタ、マウト、マニンなどと呼んだものであった。

6 雑戸

古えにいわゆるハシヒト(間人)の範囲がどれだけのものを含んでいたかは明らかでないが、いわゆる丈部《はせつかべ》なる駆使丁の徒はもとより、大化以前にあっていわゆる伴造《とものみやつこ》の下に属し、雑多の職業に従事した部民の如き、或いは臣連等所属の部曲の如きは、すべてこの間人の類であったらしい。たといそれが農業の民であっても、他の部下に属して某部と呼ばれた程の徒は、天皇直隷の民でないが為に、もちろん国家の公民ではなく、やはり間《はし》人《ひと》階級のものであったと解せられる。大化の改新には、原則としてこれらの部民を解放し、良民の戸籍に登録し、口分田を班給して農民すなわちオオミタカラと為した筈であるが、何らかの事情でその編戸に洩れ、工業その他の雑職に従事して、農業を営まなかったものは、やはり雑戸の徒として取り遺された。しかし彼らはもはや古えの伴造の私民ではない。良民すなわちオオミタカラからは自然一段と身分の低いものに見られていても、やはり国家所属の民であった筈である。そしてこれを時にトモノミヤツコと呼んだことは、「令集解」跡説に、「諸司伴部等皆直ちに友造と称す」と云い、朱の説に、「伴部は諸司の友之御造なり」と云い、また涅部をハセツカベのトモノミヤツコと云っていたので知られる。トモノミヤツコとはもと伴造の称で、貴族階級のものであるが、後にはその名称が下に及んだのである。徳川時代に三河甲斐などに、卜筮《ぼくぜい》に従事する賤者で、陰陽博士の称を以て「博士」と呼ばれた徒があったようなものであろう。

　雑戸という名称はもと支那の語で、彼にあっては謀叛などによって国家に没収せられたものを以てこれに宛て、一種の賤民となっていたものである。したがって良民との通婚を許さなかった。我が大宝律では、雑戸が良民の子弟を養子とするを禁じているが、令に関する法家の解釈では、通婚は差支えないとある。これは一般的に雑戸を解放して、平民と同じくしたという天平十六年以後の実際を見て云ったことかと思われるが、ともかく我が国にあっては、同じく雑戸の名称を用いながらも、これを純粋の賤民とはせず、しかも一方では明らかにその卑品たることを指摘しているので、いわゆる間人の徒としてこれを待遇したものであったことが知られる。

彼らは工人その他の雑職人として、通例土地の班給にあずからなかったものらしく、「古事記」垂仁天皇条に、「地《とところ》得ぬ玉作《たまつくり》」という諺の存在を伝えている。また諸国に多い余戸《あまりべ》の如きも、「高山本寺和名抄」によれば、「班田に入らざる之を余戸といふ」とあって、土地を有せず、農民ではなかったものらしい。承平二年の丹波国牒にも、「同国余部郷本より地なし」と見えている。「出雲国風土記」には、出雲の余部を解して、「神亀四年の編戸に依る」とあって、天智天皇九年庚午の戸籍にも漏れていたものが、この年新たに戸に編せられ、戸籍に登録せられて国家からその存在を認められたのであった。しかもそれが「班田に入らず」とあっては、従来より存在した工人部落か、または浮浪民の土着定住して雑職に従事するの徒であったらしく、いわゆる雑戸の類であったと解せられる。

彼らは班田に入らず、農業に従事せぬが故に、農業を本とした我が国では、いわゆる大《おお》御田族《みたから》ではありえない。したがってかつては公民の待遇を受けなかった筈であるが、しかしすでに神亀四年に編戸せられたとある以上、国家の公民として認められたものであったに相違なく、社会の進歩とともに、農民以外の雑戸の徒も、段々とその地位が向上したものらしい。果して天平十六年二月に至って、一般に雑戸は解放せられて、平民すなわち良民と同等の身分になった。「続日本紀」に、

丙午、免二天下馬飼雑戸人等一。因勅曰、汝等今負姓、人之所レ恥也。所以原免《ゆへにゆるして》、同二於平民一。但既免之後、汝等手伎如不《もし》レ伝二習子孫一、子孫弥降二前姓一、欲レ従二卑品一。

とある。これは明治四年に穢多非人の称を廃したのと同じような美挙ではあったが、後者が「身分職業共平民同様とす」とあるのとは違って、身分は平民と同等になっても、職業はやはり従前のままをつがしめ、そしてもしその技を伝習せずんば、農業に従事せぬ彼らは次第に貧困に陥って、子孫ますます堕落すべきことを戒められたものであった。かくてここに農民ならぬ公民も出来た次第であるが、しかし世間のその職業に対する賤視観念はにわかに一変し難く、彼らは国家から折角平民と認められても、世間からは相変らず賤しめられる傾きがあるので、自然その職を襲《つ》ぐを忌み、怠り勝ちになったものらしい。そこで天平勝宝四年二月に至り、彼らの旧籍帳を尋ねて、前の如くその職業によって使役する

ことになった。「続日本紀」に、

己巳、京畿諸国鉄工、銅工、金作、甲作、弓削、矢作、桙削、鞍作、鞆張等之雑戸、依二天平十六年二月十三日詔旨一、雖レ蒙二改姓一、不レ免二本業一。仍下二本貫一、尋二撿天平十五年以前籍帳一、毎レ色差発、依レ旧役使。

とある。これによっていわゆる雑戸なるものの種類もわかり、またその職を名に負うところの姓が、人の恥ずるところであったことが知られる。しかしともかくもその身分は平民に同じくなったので、これより後は自然淘汰の理法によって、同じく雑戸であったものの中でも、その執るところの職業によっては、段々と身分が向上して、普通の平民とそう社会的地位に相違のないものになったのもあろうし、また職業によっては、相変らず賤視を免れないものもあった事と思われる。かの陵戸が、その性質上からは雑戸の一つであるべく思われるにかかわらず、大宝令では特に家人奴婢と伍して、賤民の中に数えられているのは、その職業が穢れに触れる為であったと解せられる事から考えても、いわゆる雑戸なるもののうちで、その職業の種類と、社会のこれを見る感じとによって、その行く末が種々の階級に分たれるべき事情が察せられよう。

7 賤民の解放と武士の興起

大化の改新も一般民衆の根本的解放を見るに至らず、賤民及び間人の存在は、相変らず国法上に認められて、遂には奈良朝平安朝の貴族全盛の時代となった。その間に、間人の地位にいる雑戸は解放せられて、平民と同じ地位に置かれることとなったが、賤民の制は引続き国法上存在した筈である。しかるに時とともに貴族の勢力は向上して、その反対に平民の地位は段々下落し、両者の間の距離が甚だしくなるとともに、平民と賤民との距離が相近づいて来る。遂にはいわゆる賤民の制は破れて、その実、国法上からは賤民の身分にして、しかも実際上には社会的に貴族の地位を占め、平民はかえって新賤民となるというような、甚だしい混乱状態を生じて来た。

朝廷の大官を始めとして、貴族等ひとり専横を極め、荘園の名の下に天下の田園を壟断《ろうだん》して、国政を顧みず、上に見習う地方官は誅求を事として、私腹を肥すことのみに汲々とし、下積みになった平民は口分田の班給にもあずかることをえず、その多数が農奴の状態に堕ちてしまったのであった。

かくの如くにして地方政治は紊乱の極みに達し、生活に安んぜざる庶民階級の人々は、課役を避けて逃亡するものが多く、盗賊到る処に起っても、国司にはこれを鎮圧するだけの実力と誠意とがなく、人民は国家に依頼して、その生命財産の安全を保護してもらうことが出来なくなった。ここにおいていわゆる武士なるものが起って来るのである。微力のものは有力者の下に属して、その保護を受けねばならぬ。有力者は多くの部下を擁して、自ら護るの途に出る。その有力者もさらに一層有力なるものの部下に属して、自己の勢力の拡張を図る。ここに複雑したる主従関係が生じて来る。もちろん乱れたる世の事ではあり、国家の軍隊警察その用を為さぬ際であったから、彼らは自然武芸を錬磨して、自ら衛《まも》るの必要があり、ここに国法以外の私兵が生じた。これすなわち武士である。

既に主従関係が生じてみれば、その従者たるものはもちろん天皇直隷の国家の公民ではなく、実際上社会に勢力を有する程の身分であっても、国法の精神から云えば立派に家人《けにん》奴婢階級の賤民の徒であらねばならぬ。否ただに令制の精神からというのみでなく、事実彼らは依然賤民の名称たる「家人」を以て呼ばれていた。しかもその「家人」たるや、もはや決して賤者を以て目せらるべきものではなかった。もともと国法上の賤民が境遇の問題である以上、境遇がよくなれば解放されて良民となるのは当然の事であるが、今や名義上ではその賤民たる身分のままで、しかもかえって良民たるべき農民以上の地位を占めるものが起って来たのである。すなわち令制の賤民の地位が、そのままに解放せられ、向上せられたものであった。ことに有力なる主人を有する家人等は、その主の威光を笠に着て勢を振うことが出来る。ここにおいてか、有為の士は自ら好んで有力者の家人になり、令制の賤民の地位に甘んずるようになる。一方では将種、将家などと呼ばれて、累代多くの家人を有し、立派に武士の統領たるの家を為しているものでも、一方では摂関家の如き、自分よりも一層有力なる者の家人となって、自らその爪牙に任じたものであった。かの一時関八州を占領して独立をまで企てた平将門の如きも、もとは摂政藤原忠平の家人であった。一旦家人となれば決してその主人に反抗することは出来ぬ。彼は自ら平新皇と称して、日本半国の帝王気取りになっておっても、なお旧主の忠平の許へは、さすがに甚だ慇懃なる消息を通じているのである。また源家の祖先として威名の高かった源頼信も、関白藤原道兼の家人であった。内大臣の地位にいる藤原宗忠すら、関白藤原忠実の家人を以て甘んじていたのである。藤原惟成、身を屈して藤原有国の家人になった時、人これを怪しんでその故を問うたところが、惟成は、「一人の跨《また》に入りて万人の首《こうべ》を超えんと欲す」と云ったとある。以て当代の趨勢を見ることが出来よう。

家人たる従者は、本来は常に主人の座右に侍して、その用を弁ずべき身分のもので、すなわち「侍《さむらい》」である。大宝令には不具癈疾或いは老人に「侍」を給するの制がある。その同じ名称の侍が、武芸を錬磨し、刀剣を帯して、主人を警護するようになっては、これいわゆる武士である。後世武士が「侍」と呼ばれたのは、全くこれが為であった。

家人の地位は主人の地位とともに消長する。源頼朝天下の政権を掌握するに及んでは、国法上では賤民である筈の源氏の家人等は、事実は一国或いは数国の守護となり、或いは多くの公領荘園の地頭となり、いわゆる大大名《おおだいみょう》となった。けだし一人の跨に入りて、万人の首を超えたのである。

しかしながら、これあるが為にすべての家人や侍の地位が、相率いて高くなったのではない。その主が失敗すれば、その家人や侍は一層堕落の境遇に置かれるのはやむをえなかった。勝者たる源氏の家人が勢力を得た陰には、敗者たる平氏の家人が没落したのは言うまでもない。主人の身分が高ければ、その家人の身分も高く、主人の身分が低ければその家人の身分も低い。徳川時代になっても、幕府直参の武士は「御家人《ごけにん》」と呼ばれて、これは立派な士族であるが、一方百姓にも譜第の家人があって、それは「下人《げにん》」として賤しまれ、今に下人筋《げにんすじ》等と云って、社交上にも或る場合には疎外されるのを免れない風習の地方もないではない。

8　国司の悪政と新賤民の輩出

平安朝における政治の紊乱が、令制の賤民を解放して、新たに武士という、名義上では賤民であっても、その実平民以上にいるような、奇態な新階級の勃興を見るに至ったが、それと同時に一方には、国法には認めていなかった浮浪民なる新賤民が、またはなはだ多く起って来た。

歴史上普通に賤民と云えば、ただちに大宝令の五色の賤民を数えて、ただそれだけが古代の賤民である如く考えられている。さらに深入りして考えるものでも、それに中間人たる雑戸の徒を加えるくらいである。しかしながら実際上我が古代において、貴族と良民と雑戸と、それ以外に大宝令に見えるいわゆる賤民とのみが、我が国土に生活した人類のすべてではなかった。令制上の賤民や雑戸は、たとい賤民だ雑戸だといわれても、やはり国家からその存在を認められた「賤しい民」で、それぞれ戸籍帳に載っているのであるが、そのほかにその実はなお或る種の人類が少からず生活していたのであった。すなわち戸籍帳に漏れた無籍者で、一定の居所をも有せず、国家の法律にも拘束せられず、生活の便宜を追うて各地に漂泊的生活をなしていたもので、いわゆる浮浪の徒である。これをウカレビトと云う。

浮浪民はおそらく人類の発生とともにあるべき筈で、その存在は古くから歴史にも見えていた。既に天智天皇九年に、「庚午年籍《こうごねんじゃく》」を造って、浮浪人を断つとある。無籍者を調べて民籍に編入したのだ。しかしそれで天下の浮浪民が無くなった訳ではなく、たまたまその中の境遇のよいものが、新たに戸に編せられて公民権を得たに過ぎなかったのであろう。つまり彼らは社会の落伍者で、したがって一方に解放せられる者があっても、一方にはあとへあとへと出て来る訳である。もちろんその中には、祖先以来の浮浪の生活を続けて、未だその存在が国家に認められず、公民の戸籍に編入される機会を得ざるままに、子々孫々にまで相ついで浮浪漂泊しているというものもあったであろう。しかしそれは比較的少数で、少くも中世以後には、一旦公民権を得て戸籍に編入されていたものが、事情あって原籍地から逃亡し、浮浪民となったものが甚だ多かった。その中には、地方官の悪政の結果として、その誅求に堪え兼ねて他郷に逃亡したものが、平安朝にはことに多かったのである。もちろんこの以外に、犯罪その他の理由より、身を郷里に置き兼ねて逃亡したものも多かろう。恋愛関係から駆け落ちしたもの、負債の為め身を暗《くら》ましたものなどもあったであろう。その原因は種々であろうが、とにかく一旦公民籍に編入されておったものの、逃亡して浮浪民となったのが多かったに相違ない。

或いは初めからその住居が僻遠であったが為に、その存在が世に知られずして、公民籍に編入せらるるの機会を得なかったものも、もちろん昔は随分多かった。今に至ってもなおその種のものが、時に発見されることがある。先年の国勢調査の際に、そんな事実のあったことがしばしば新聞に見えていた。彼らは従来国家から存在を認められず、何村の戸籍にも載っておらず、児童はもちろん小学校教育をも受けず、村民は兵役の義務にも服せず、もちろん一銭の租税をも納めないで、全くの別世界であった。この類のことは実は太古からあったもので、古く既に素戔嗚尊《スサノヲノミコト》は、出雲の簸之川《ひ》上から流れて来たのを覧《み》て、山奥に人ありとの事を知られ、分け登って高志《こし》の八岐大蛇《やまたのおろち》を退治して、奇稲田姫《くしなだひめ》の危難を救われたとある。越後の三面村、肥後の五箇山中など、この種の話は後世にもたくさんある。これらの中には、太古から山間に住んでおった山人が、狩猟のみで活きる事が出来なくなり、里から農業の法を伝えて、不完全な農村を開いたのもあろう。或いは隠れ里と呼ばれるように、もと平地の農村にいたものが、何らかの事情でその村に住みかねて山間に幽棲の地を求めて、山村を作ったのもあろう。山間僻地の村落には、よく平家の落人伝説を有したものがある。無論そのすべてが信ずべき限りでないが、さる種類のものも全然ないとは言われない。しかしいずれにしても、要するに社会の落伍者である。そしてこれらの落伍者の中には、一方では人口の増加とともに食物の供給が不足になり、一方では里人の向上したる生活にあこがれて、ついに里人に交って、今に鬼筋などと呼ばれているものもあるが、中には農業を営まずして、里人の間に賤職に従事しつつ、相変らず浮浪性の生活を続けているものも多かろう。

大江匡房の「傀儡子記《かいらいしき》」、「遊女記」の二篇は、当時の浮浪民の様子を事面白く記述している。

傀儡子とは支那の言葉で、本来は傀儡すなわち木偶を弄して人目を楽しましめるもののことであるが、邦語ではこれを「クグツ」と云い、もと必ずしも人形舞わしとは限らないものであった。彼らは一所不定の浮浪民で、水草を逐うて便宜の地に小屋住まいをする。男は弓馬に長じて、狩猟を本職とし、また剣舞、弄玉、人形舞わし、手品、軽業というような技芸を演じて、人の耳目を楽しましめる。またその婦女は、粉粧をこらして淫を鬻《ひさ》ぐ。田も作らねば蚕《かいこ》も飼わず、国司の支配をも受けず、少しの課役をも負担せぬという、至って気楽そうな生活をしていたとある。農桑の道を捨てた浮浪民、すなわちウカレビトの生活としては、けだしこうなるのが順序であろう。遊女をウカレメというのも浮浪女《うかれめ》の義で、「万葉集」には「遊行女婦」と書いてある。大宰帥《だざいのそつ》大伴旅人や、越中守大伴家持などと歌の贈答をしたという、名誉の遊行女婦《うかれめ》がすでに奈良朝にあった。遊女と云うはけだしその略で、或いはそれをもクグツと云った。これを遊行女婦と云っても、常に所定めず浮浪してのみいるのではなく、都合のよい所に住みついては、そこで半定住的の生活を営んでいるものも多かった。平安朝の遊女は、上方《かみがた》では江口とか、神崎とか、蟹島とかいう所に根拠を構えていたとある。この浮浪民たる傀儡子や遊女は、道祖神《さいのかみ》を祭って福助を祈る習慣を持っておった。各自その像を帯して、その数百千に及ぶが故に、これを百大夫と云ったとある。現に摂津の西の宮の傀儡子は、百大夫を氏神と仰ぎ、人形舞わしとして非常な発達を遂げた。これが為に後世には人形舞わしの事をただちに傀儡師だと心得るようにまでなったけれども、本来は傀儡子必ずしも人形舞わしのみでなく、鎌倉時代では、彼らは主として狩猟を業とし、その婦は遊女の如しとも「塵袋」に見えている。

いずれにしてもこれらはみな社会の落伍者である。落伍者はいつの世にも必ず生じて来るもので、その代りに、その中の或る者は、浮浪の境界から脱して立派な身分になるものもある。つまり新陳代謝が行われて、古い賤者が消えて行って、新しい賤者が起って来るのである。

かく新陳代謝が行われる中にも、平安朝の中頃以後に輩出した浮浪民は、令制の賤民の代りに生じた新賤民の起原をなしたもので、その顚末は我が賤民史上最も注目すべきものである。しかもそれが「聖の御代」とまで言われた延喜の頃から、既に甚だしくなっていたのには驚かざるをえぬ。「延喜式」に「濫僧屠者《えとり》」の語があり、下賀茂すなわち賀茂御祖《みおや》神社の付近に、その居住を禁止している。御祖神社は賀茂川と高野川との会流の地にあって、その河原にはこれらの輩が群がり住むが為に、特にこれを禁止したものであったと解せられる。

ここに濫僧とは、当時の文章博士三善清行の「意見封事」に、当時の人民課役を避けんが為に、私《ひそか》に髪を剃り、猥《みだ》りに法服を着けて、法師の姿に身をやつしたというそれである。

「家に妻子を蓄へ、口に腥膻《なまぐさ》を啖《くら》ふ」とあって、すなわち肉食妻帯の在家法師であり、その「形は沙門に似て、心は屠児の如し」とあって、もちろん仏教信仰からの出家ではなかった。しかもその数が「天下の三分の二」に及んだと清行は云っている。実に夥しい数で一概に信ぜられないようではあるが、しかしこれは事実であった。それには証拠がある。延喜二年の阿波国の戸籍の一部と、八年の周防国の戸籍の一部とが、幸いにして今日伝わっていて、それを見ればなるほどとうなずかれる。その当時帝国の公民として戸籍に載っているもののうちには、男子が甚だ少く、大多数が女子である。稀に男子があれば、多くは老人、不具癈疾、または有位者というように、課役免除の輩である。課役の負担の義務のある課丁は、ほとんど戸籍に上っておらぬ。延喜二年の戸籍で性別の明らかなもの五百五十八人中、実に四百八十三人までは女子であった。これは言うまでもなく公民が課役を避けて自度の僧となり、戸籍外に脱出した結果でなければならぬ。彼らは国家から公民として認められても、これが為に何ら得るところなく、かえって国司の誅求に苦しめられるのみであったから、自ら公民の資格を捨てる方便として、争うて出家したのであった。したがって彼らは無論如法の僧ではない。無籍者である。その多数は在家の俗法師、すなわちいわゆる毛坊主の徒である。もちろん彼らの多数は相変らず農耕の道に従事したであろうが、しかし彼らはもはや公民としての農民ではなく、日蔭者であり、他人の田地を作る水呑百姓、すなわちいわゆる間人《まうと》階級のものでなければならぬ。或いは全然農奴の階級に落ちたのも多かったであろう。或いはかつて雑戸の職となっていたところの、雑多の家内工業に従事したであろう。

しかし浮浪民だ、無籍者だと言われながらも、ともかくも一定の住所を有して郷里の家庭に住むことの出来たものは、これを賤民と称するにはやや妥当を欠くの感があるが、それ以外に郷里にいることも出来ず、逃亡して他郷に浮浪漂泊の生活をなすという、一層堕落の底に落ち込んだものが多かったのは言うまでもない。彼らは法師姿であるが故に、いわゆる樹下石上を家となし、身を雲水に任して頭陀の生活をなす修行者に交って、乞食として生活するの道を求めたであろう。これすなわちいわゆる濫僧《ろうそう》である。平安朝の悪政の結果として、延喜の頃既に多数のこの濫僧の徒が続出したのであって、そして漂泊して京都に流れついたものが、賀茂川の河原に小屋掛けをして、いわゆる河原者となるものが多かったが為に、特に「延喜式」の禁制の必要があったのである。

9　非人と乞食

濫僧の徒は古くこれを「非人」或いは「非人法師」と云った。この場合の「人」とは広く「人類」という意味ではなく、狭く「日本人」という義である。すなわち非人とは、帝国の臣民に非ずと云う程の義であるが、鎌倉時代にはこれをその文字通りに解して、人間以外すなわち畜生仲間というような、極めて同情のない説明をした場合もないではない。かの日蓮聖人が、自ら「旃陀羅《せんだら》が子なり」と云い、「身は人身に似て畜身なり」とも、「畜生の身なり」とも云われたのは全くこれである。しかしもともと非人とは、決してそういう意味ではない。

最も古く非人の名称の物に見えている著しい例証は、かの橘逸勢《たちばなのはやなり》である。彼は罪あって除籍せられ、「非人」と称せられた。無籍者になったのである。すなわち非公民の称である。さればこれを広い意味から云えば、一般的に僧侶すなわち「出家」の輩は、もはや公民ではなく、やはり非人と云ってよいのかもしれぬ。かの有名なる京都栂尾《とがのお》高山寺の大徳明恵上人高弁が、自らその著の終わりに「非人高弁」と書いているのは、けだしこの意味の非人であった。

非人は食物の生産者ではない、故に彼らは何らかの方法で食を生産者から乞わねばならぬ。すなわち「乞食」である。もっとも厳格なる意味から云えば、施主の供養に生きる如法の僧侶の如きもやはり乞食で、弘法大師の「三教指帰」には、自己を仏教の代表者とし、これを「仮名乞児」と名告《なの》らせているのである。

非人乞食は、原則としては同時に浮浪民である筈である。もちろん浮浪民であると云っても、そのすべてが常に一定の居所なく、各地に浮浪してのみいるのではない。中には永く一所に定住して、浮浪民の村落を作り、長者の統率の下に自治の境界に安んじている場合もある。また国家として永くこれを度外視し、その自治にのみ放任する訳には行かず、浮浪人の戸籍を作って、一定の課役を賦課し、また飢饉の際の如きは、土民浪人ともにこれを救助したというような場合もあるが、それでもなお彼らは、やはり国家なり、社会なりから、浮浪民の名称を以て呼ばれている。一旦浮浪民と身分が極まれば、或る特別なる事情がないかぎり、公民籍には編入せられず、いつまでも浮浪民として認められたのであった。

かくの如きものは、もちろん賤民と呼ばるべきものではなく、中には新たに戸に編せられて公民の資格を得る場合もあり、然《しか》らざるものも、必ずしも社会からひどく賤視されたもののみとは限らなかったが、真に浮浪生活を続けているものが、実際上の非人として世間から仲間はずしにされるのはやむをえなかった。

この以外に事実浮浪的生活をなしている漁夫狩人の徒ももちろん多かった。漁民の中には、近い頃までなお漂泊的の習慣を存し、他から特殊的待遇を受けていたものもある。その海岸に定住して漁村をなしているものの中には、早く戸籍に編入せられて、公民の資格を得ていたものも少くなかったが、大体として奈良朝頃まで、なおこれを乞食と呼んだらしく、「万葉集」の歌に「乞食の詠」というのが二首あって、一つは漁師の歌、一つは狩人の歌を収めてあるのである。彼らは獣肉魚肉を里人に供給し、無条件に食を乞うのではない。しかし元来農業を以て本位とする我が国においては、これらの肉類は食料とは云わなかった。少くも奈良朝頃の日本民族は、もはや獣肉魚肉のみによって生きて行く事は出来なかった。生きるには必ず農民の作った五穀に依り、獣肉魚肉は副食物の原料たるに過ぎなかった。したがって漁師とか狩人とかは、やはり農民から食を乞う方の側の人で、すなわち乞食と目せられたものと解せられる。副食物はオサイである。オサイは「お添え」の義で、食物に添えて喰うものたるに過ぎない。農民のみが食物の供給者であり、国費を支弁する納税者である以上、それのみが公民であって、その以外の者は、たとい相当の代償を払っても、食物をこれに乞う以上乞食と言われても致し方がなかったのであろう。漁家の子たる日蓮聖人が、「畜生の身なり」と言われたのも、全くこの意味からであったと解せられる。

俳優或いは人形舞わし、その他の遊芸者を、古く河原乞食と云った。「河原」ということは後に説明する。これを乞食といったのは、右の乞食の意味を示しているのである。彼らはもとホカイビトの徒であった。ホカイビトはすなわち「祝《ほ》ぐ」人で、その語がただちに乞食を示すの語となっている。今も地方によっては、乞食の事をホイトという。ホカイビトの略称である。彼らは人の喜びそうな祝言《ほかいごと》を述べて、食を乞うて生きて行く。これすなわちホカイ人である。しかしただ口先で祝言を述べただけでは、長く顧客の心をつなぎ難きが為に、彼らも次第に工夫を加え、声に抑揚曲節をつけ、楽器を用い、手振り足振りを加えて、歌を歌い、楽を奏し、踊りを踊る。なおそれに満足せず、はては人形を持ち出す。物真似をする。遂には各種の遊芸がこれから出て来るのである。

その一例として、右に述べた西の宮の傀儡師は、最も適切なる由来を有している。摂津西の宮の付近には、もと「産所」という部落があった。これは後に説明するところの「散所」の義で、浮浪民の住みついた所である。その住民は西の宮の百大夫を祖神と仰ぎ、ホカイをなすにも、西の宮の夷神《えびす》の木偶を作ってそれを舞わす。これを古く「夷かき」とも、「夷舞わし」とも云った。彼らは手に恵比須の人形を舞わしつつ、節面白く目出度い限りの祝言を述べる。それがもとで、遂には他の人形をも舞わすようになり、後には浄瑠璃に合せて段ものを演出し、遂には「道薫坊《どうくんぼう》」と云われた人形舞わしが成立した。道薫坊とは「木偶《でく》の坊」ということである。関西地方ではそれを訛ってデコンボウと云い、元祖と仰ぐ百大夫に付会して、道薫坊などともっともらしい名を按出したのであった。デクとは、詳しくは「手クグツ」と云い、手に持って舞わす人形、すなわち手傀儡の事である。クグツすなわち傀儡子が、往々にして人形を舞わすので、はてはその人形のことをクグツとも、手クグツとも云ったのであった。

この西の宮の人形舞わしが、後に淡路の国府付近に移って、ここに大発見をなした。その地を三条というのは、文字は変っているがやはり散所の義であろう。或いはここにもと散所の者がいて、それが西の宮の散所の芸当を伝えたのかもしれぬ。この人形舞わしは、西の宮では早く亡びたが、淡路にては大発達を遂げて、一時は人形座の数が四十にも及び、後には十八座となり、今もなお五、六座は遺っていて、全国を興行してまわっているという。やはり一種の旅芸人と云うべきものである。

これはただ具体的の一例を述べたに過ぎないが、ホカイ人は、かく一方では人形舞わし専門の遊芸者となったと同時に、一方では神を慰めるための神楽にも発達した。西の宮の傀儡師も、やはりもとは夷神の神慮を慰める為だったとも云っているが、これは人形の方に発達し、神楽は手先の芸当の方に発達した。神楽と云っても、神子《みこ》が鈴を振り、笛に合せて、神前で舞を舞うばかりではない。これにもいろいろの芸当を取り入れて、滑稽な身振りをして人を笑わせる。東京辺りでよく演じている丸一の大神楽と云うのがその一例である。彼らは皿を廻したり、毬を投げたり、出刃庖丁を操ったり、鼻の先へ棒を立てたり、昔の傀儡子がなしたような色々の所作事を演じている。その名は相変らず神楽と云っても、実は一派の遊芸者になっているのである。

このほか東京近在の馬鹿囃《ばかばやし》と俗に称する一種の遊芸も、やはりお神楽と云っているが、これは京都の念仏狂言類似のもので、もとはやはり同じような起原を有するものであろう。念仏狂言とは、念仏が遊芸の方面に発達したものである。彼らはもと課役を避けて出家した法師なるが故に、人の門に立って念仏を申し、供養を受けて生活した筈であるが、いわゆる仏の顔も三度という如く、ただそれだけでは聞き手の方が飽きて来るので、ついにはその念仏に抑揚曲節を付し、身振り手振りを加えて、歌念仏、踊念仏となる。これは空也上人が始めたと云われているが、近頃でも京都近在で行われている六斎念仏の如きは、名は念仏と云っても、その実全く一種の遊芸になっている。また壬生の大念仏と称する無言狂言が、今以て念仏狂言と云っているところに、これもその起原が窺われる。このほか田楽、猿楽、万歳などの芸能に従事するものも、もと田楽法師、猿楽法師、千秋万歳法師などと呼ばれて、やはりこの濫僧の徒の従事する遊芸となっておったのである。

かくの如き遊芸者は、それぞれ相当の技芸を演じて人の耳目を喜ばしめ、その代償として食を求めるのであるけれども、やはり乞食と呼ばれていたのであった。

10　河原者、坂の者、散所の者

濫僧は非人法師として、身を雲水に委して乞食生活をなすに好都合であったであろうが、多数の濫僧が輩出しては、もはやこれのみによって活きる事は出来ぬ。勢い何らかの職業に従事せねばならぬ。ここにおいて彼らは多く繁華なる都会に流れつき、都人によって職を求めんとする。或いは村落に寄生して、村人によって生活の道を講ずる。

当時にあって職業の最も求め易かるべき繁華な場合は、第一に指を京都に屈すべく、次には奈良であったであろう。その選んだ職業としては、第一に市民の為に労働して、その日その日を送って行くという、今日のいわゆる自由労働者や、上方《かみがた》地方でいわゆる手伝（テッタイ）の如き道に流れて行った。すなわち雇われて走り使いをする、掃除をする、庭作りをする、大工左官等の職人の臨時助手となる。或いは道普請をする。井戸掘りをする、墓の穴掘りをする、葬式の手伝いをするというふうに、種々の雑役に従事するのである。或いは昔の雑戸の亜流となって、草履を作り、靴を作り、弓矢等の武具を作る等、その他雑多の家内工業に従事する。そしてその製作品を販売する行商人、店売《たなうり》商人となる。或いは遊芸を事として、人の門に立ち、または路傍に技を演じて米銭を貰うという、いわゆる移動芸術家、街上芸術家となる。もちろんその婦人には、淫を鬻《ひさ》いで遊女となるものもある。しかしながら彼らの取った職業の中で、最も注意すべきものは、社寺或いは村落都邑に付属して、その警察事務を受け持ち、その安寧を保障する事であった。盗賊の番、火の番、野番、山番などを始めとして、押売強請者の追っ払い、行倒れの取片付け、行路病者の保護、行倒れ人の跡始末というふうに、およそ今の警察官の行うところを行ったものであった。この場合彼らはその報酬として、各自の受持ちの区域なり村落都邑なりから、一定の扶持を得て生活していたのである。

かくの如くにして彼らは相当の職業を得て、一所に定住するに至っても、本来浮浪民である。今日の如き手軽に宿泊する木賃宿の如き設備のなかった時代にあっては、彼らは便宜空地を求めて、小屋住まいをせざるをえなかった。京都では主として賀茂川の河原に小屋掛けをして、いわゆる河原者と呼ばれていた。或いは東山の坂、ことに清水坂に最も多く集まった。清水坂は東海道の要路に当り、自然に往来の人が多く、生活するには便宜が多かったのである。これを坂の者と呼んだ。奈良では奈良坂の坂の者が最も有名であった。その他各地の村落都邑に住みついたものは、いずれもその町外れや村外れの空地に小屋住まいをした。これを普通に散所の者と云う。これは主として上方地方で呼ばれた名称であるが、地方によっては、その住地の状況から、山の者、野の者、島の者、谷の者などと呼びならわした所もある。或いはその住居の状況から、宿《しゆく》の者、垣内《かいと》の者などと云い、職業とするところから、皮屋、皮坊、皮太、茶筅、御坊、鉢屋、簓《ささら》、説教者、博士など、種々の名称があるが、要するに河原者と云い、坂の者と云い、或いは散所の者などと云っても、宿の者、皮屋、鉢屋などと云っても、つまりは同じ流れの浮浪者の群で、ただその居所や生活の状態、或いはその職業とするところによって、名を異にしたにほかならぬ。通じては非人法師である。今日浮浪民の事を、地方によって「サンカモノ」と云うのは、「坂の者」の転訛で、サカノモノがサカンモノになり、転じてサンカモノとなったのである。また前記の如く俳優或いは人形使いの如き遊芸人を、古く河原乞食或いは河原者と云ったのも同様で、もと遊芸者が多くこの徒から出たが為に、たまたまその名称が彼らの間に伝わったのであった。サンジョの者と云ってもやはり同じ流れであるが、後世ではその原義が忘れられて、或いは「算所の者」と書いて、占をしていたからの名だとか、或いは「産所の者」と書いて、昔は産の穢を忌んで、場末に産小屋を設ける習慣があったが、彼らはその穢れた場所に住みついたものだったからだとかの説をなすものも無いではなかった。

落伍者はいつの時代にも生ずる。大正十二年の関東大震火災によって、一度に生じた多数の罹災者の中には、もしこれが古代に起ったのであったならば、おそらく多くの非人が生じたのであったに相違ない。徳川時代にも、落伍者が多く京都や、江戸、大坂等の、大都会に集まった。それを京都では、悲田院の長屋に収容して、その中で年寄と称する役員を置いて取り締らせたが、これをすべて非人と呼んでいた。もちろん彼らとて、無償で養ってもらったのではない。労働しうるものにはそれぞれ適当なる職を与えて、生活の道を講じさせたのであったが、それでもやはり彼らは非人と呼ばれていたのである。その職業の主なるものは、京都の町の警察事務、監獄事務で、そのほかに遊芸、雑工業、井戸掘り等にも従事した。昔の浮浪民と同じ道を歩んだのである。

京都における悲田院の非人の数は年とともに段々増加して、当初の粟田口付近の一箇所のみに収容し難くなり、他に五箇所の収容所を設けて、いわゆる垣内をなした。垣内とはもと村と云う程の義で、特にこの非人部落を呼ぶ場合にその称呼を用い、垣内の者などとも云った。大坂では天王寺村、そのほか千日前、鳶田、梅田等に非人小屋があり、また江戸では浅草と品川とに非人溜《たまり》があって、善七、松右衛門の両名がいわゆる非人頭となり、エタ頭弾左衛門の下に属していた。そのほか奈良にも、また諸大藩の城下にも、同様の施設が少からず存在した。地方によって多少趣きを異にしていても、要するに落伍者の流れ行くところは古今その軌を一にしたもので、これみな昔の河原者、坂の者、散所の者に相当するのである。

11　祇園の犬神人

浮浪民が社寺或いは村落都邑に付属して、種々の職業に流れて行ったことは、既に簡単に概説したところであるが、その社寺に属するものとしては、京都東寺の掃除散所法師、同祇園感神院の犬神人《いぬじにん》すなわち弦召《つるめそ》などが有名である。

東寺では、散所法師という名称のままで、寺の警固掃除の任に当っておった。彼らは京の信濃小路通猪熊の西に散所部落を成していたもので、東寺に付属して境内の掃除をする、或いは土木工事に従事する、警固の事に当るというような、種々の任務に服していた。その顚末は不幸にしてこれを明らかにする史料が不備であるが、祇園の犬神人の方は、この社が延暦寺に属していたが為に、その活躍も目立たしく、史料も比較的豊富に遺されている。よってここにやゝこれを詳説して、一般浮浪民の流れ行く道を具体的に示すの一例として提供したい。

祇園社所属の犬神人は、いわゆる坂の者、すなわち清水坂の非人法師であった。彼らは時に犬法師とも呼ばれていたらしい。祇園は神社であると同時に寺であったから、神事にあずかる方から神人《じにん》と云い、本来非人法師であるが故に法師とも呼ばれたのであろう。彼らの職務はやはり警固が主で、門番をするが為にこれを犬にたとえて、犬神人とも犬法師とも云ったものと解する。蓼《たで》に似て非なるものを犬蓼《いぬたで》というように、神人に似て非なる故に犬神人と云ったとの古い説があるが、これは妥当であるとは思われない。

祇園社付属としての彼らの職務は、東寺の散所法師と同じように、境内の掃除、穢物の取り片付け、或いは警固、門番、土工等に従事し、特に祭礼の節には、行列の先頭に立って警戒をなし、時に或いは神輿を舁《かつ》ぐ等の事をなしたが、主として警察事務に従事したのであった。

しかし彼らはこれらの表職のほかに、傍ら普通の非人の行くと同じく、種々の工業に従事している。すなわち弓を作る、矢を作る、弓弦《ゆんづる》を作る。或いは靴を作ったので、「祇園の靴作り」とも云われていた。伝教大師が支那から靴を作る法を伝えて、これを彼らに教えたと云われている。これはもとより信ずるに足りないとしても、彼らは一方で立派な家内工業者であったことは確かである。

彼らはまた弓弦を行商する。弓弦は武士ばかりでなく、昔は普通の民家で綿を打ち和らげる為に使用し、その需要が多かったのである。その売声の「弦召し候らへ」と云うのが、ツルメソと聞えるので、それで彼らはツルメソと呼ばれていた。すなわち彼らは一方では行商人であったのだ。

このツルメソのおった場所は、今の建仁寺の南の方で、その地を今に弓矢町と呼んでいる。これは彼らが自己の製作した弓矢等を、店に並べて売っていたからで、彼らは一方では店売商人であった。

彼らが祇園祭の警固に出るには、甲冑に身を固めて太刀を帯し、武士が戦場に赴くが如き出で立ちをしたものと、一方には「六人の棒の衆」と称して、法衣類似の衣服を着て、頭をつつみ、六尺棒を持った法師姿のものとがあった。すなわち一方では武士の仲間であり、一方では依然非人法師の身分を保存していたのである。今日でも祇園祭の行列には、必ずこのツルメソの参加がなければならぬことになっている。これも時代によって段々風が変っているが、今日では甲冑を着した威風堂々たるものが、大道狭しと大手を振って、行列の先頭に立っている。もちろん昔の犬神人の子孫ではなく、普通の氏子の中から出るのであるが、やはり旧称を存してツルベサンと呼んでいる。

祇園は叡山の末寺であった。したがって山法師出動の際には、ツルメソは常にその先棒となって、破却打壊しの任務に当っていた。彼らは山法師の使嗾《しそう》によって建仁寺を破壊した。佛光寺を破壊した。天龍寺を破壊した。法然上人の墓処を破却した。彼らは実に僧兵の下働きとして、暴力団の任務を行ったのであった。

彼らはまた一方では、同時に乞児すなわちホカイビトの亜流であったらしい。祝言を述べて他を祝福し、米銭を貰うのはすなわちホカイビトで、坂の者の本来の所業であったが、犬神人の間には徳川時代になっても、なおその遺風が多少存して、正月元日の早朝には、禁裏御所の日華門前において、毘沙門経を読誦する例であった。毘沙門天は七福神の一つにも数えられた福神で、彼らが禁裏の御門に立ってこの毘沙門経を読誦することは、やはりいわゆるホカイビトたる非人法師の名残であったと解する。また彼らは正月に赤色の法衣を着、顔を白布で包んで目ばかりを出し、懸想文《けそうぶみ》を売って歩く。今の辻占売のようなもので、それを買ったものはそれによって縁起を祝った。やはりもとホカイビトの所為である。

ツルメソはまた、京都市内の葬式に干渉する特権を持っていた。南北朝時代にも、彼らを経ずして葬儀を営んだが為に、彼らから故障をつけられたという事実が、「祇園執行日記」に見えている。彼らはけだし京都市中を縄張りとして、その葬儀担当の権利を主張したものであったのだ。彼らは本来非人法師で、いわゆる三昧聖として、もとから葬儀に関係していたのであろうが、祇園の所属たるに及んで本寺たる叡山の威光を笠に、京都市中を縄張りと定めたものと解せられる。徳川時代になっても、彼らは折々市内の墓地を見て廻り、新しい墓の出来たのを発見すれば、たちまち寺院に故障を持ち込む。寺ではその煩を避けて、盆暮に寺相当の祝儀をツルメソに与えて、見のがしてもらう習慣になっていた。すなわち彼らはいわゆる「御坊《おんぼう》」であったのである。現存文献の伝うる限りでは、彼らが実際上に自身普通の葬式に干与したことは明らかでないけれども、或る特殊の葬式には、やはり後までも直接その事に与り、今以てその習慣が遺っている場合がある。すなわち先年の東本願寺光瑩上人の葬式の時に、六人の「宝来」と称する者の参加したのはこれである。彼らは赤い法服類似の衣を着、白布を以て頭をつつみ、樫の棒を持つ。これは昔祇園祭の警固に出た六人の棒の衆と全く同じものである。本願寺の伝えに依ると、昔親鸞聖人が越後に流されておられた時に、かねて聖人に帰依していた靴作りのツルメソが、越後まで度々来て京の消息を伝えてくれた。それを聖人が非常に喜ばれて、ツルメソが来るのを宝が来たように嬉しく思われたというので、それで彼らのことを宝来と云った。彼らも聖人の知遇に感じて、聖人の御葬式には荼毘の役をつとめ、爾来代々の法主の葬儀に参列する例になったというのである。けだし彼らは行商人として遠く越後までも行ったもので、聖人と或る関係を結んだということはあったであろうが、しかし事実は本願寺のみに限らず、佛光寺などでも同じ事であったという。もっとも先年の東本願寺の葬儀に出た宝来なるものは、無論昔のツルメソの子孫ではない。新聞の報ずるところによると、大阪の阿弥陀講中の人々がこれを勤めたと云うことであった。しかしその風態は、まさしく祇園祭に出た古い時代のツルメソ中の、六人の棒の衆と同様で、彼らで事実「御坊」として葬儀を扱った名残を止めていると云ってよい。

要するに祇園所属のツルメソすなわち犬神人は、非人法師の一つたる清水坂の坂の者として、大体においてはあらゆる非人法師の歩んで行った路を歩んだもので、祇園所属として有力であったが為に、特に代表的に発達し、他の人々が次第に職業によって分れ行くところを、彼ら多くは兼ね有していたのであった。ただ彼らにおいて見ざるところは、遊芸の側の発達のみであるが、それも史料が遺っておらぬというだけで、事実はやはりこの方面にも関係していたものかもしれぬ。

12　長吏法師と宿《しゅく》の者

浮浪民たる非人法師の仲間には、それぞれ長たるものが出来てこれを統轄し、自然と不文律による自治制が行われていた。その長たる非人を長吏法師と云い、その下に属する平非人を小法師という。浮浪人の長の事は既に「霊異記」にも見えて、由来すこぶる久しく、彼らはそれぞれ縄張りを構えて、その縄張内の浮浪人を雑役に駆使し、調庸を徴乞したとある。すなわちその縄張内で生活の道を求めんとするものは、必ずその長に運上を納めなければならなかったのだ。同書に、神護景雲三年に京の或る優婆塞《うばそく》が、修行して加賀に托鉢していたところが、その処の浮浪の長たるものが、調を責めてこれを凌轢したが為に、現報を得て横死したという話がある。

原則としては、浮浪民は無籍者として、国法以外に置かれたものであった。「江談抄」に、非人たる賀茂葵祭の放免《ほうべん》が、綾羅錦繡を身に纏うて衣服の制に戻《もと》るとの非難に対し、彼らは非人なるが故に、国法の関するところにあらずとの説明が与えられている。その代りに彼ら仲間の規律は極めて厳重で、いわゆる「仲間の法」による制裁はかなり峻烈に行われたものであった。前記加賀の浮浪人の長が、廻国の修行者に私刑を加えたとあるのはその一例である。また彼らは、仲間同士の階級意識もかなり濃厚であった。鴨長明の「発心集」に、京都清水坂の坂の者の事について、興味ある話が見えている。或る僧が途中に、坂の者すなわち清水坂の非人法師等の語りつつ行くを聞くに、近江はいみじき運者かな、坂の交りまだ三年にもならぬに、よい役をあてがわれたと云った。その僧これを聴いて、かかる賤しい非人の身分にも、やはり運がよいとか、悪いとか、出世するとか、せぬとか云うことがあり、またそれを羨み妬むなど云うことがあるのかと、大いに感じさせられたというのである。この話は、当時いわゆる非人法師等が、いかに世間から賤しめられ、度外視されていたかを示し、また彼らが諸国から流れて来て、長吏法師の手下に属して、次第にその数が殖えるに従って、その仲間のうちにそれぞれ階級が出来、一つの組織立った団体となって、役々によって統率せられていたことを示しているのである。ここに「近江」と呼ばれた男は、三年前に近江国から出て来たものらしく、それで近江と呼ばれていたと察せられる。彼らは諸国からの落伍者の集まりで、それぞれ郷国の名を以て呼ぶ例であった。寛元年間の清水坂と奈良坂との非人闘争に関する訴訟文書を見ると、中には法仏法師とか、阿弥陀法師とかいう類の、仏法臭い名のものもあるが、大抵は備中法師とか、土佐法師とか、近江法師、伊賀法師、摂津法師、越前法師、播磨法師、淡路法師、若狭法師などというように、国名を名乗ったり、或いは吉野法師とか、明石法師とかいうように、一地方の名を呼んで、彼らが諸国から集まった落伍者の群であることを示している。

鎌倉時代には、京の清水坂の非人法師と、大和の奈良坂の非人法師とが最も勢力があった。その長吏は他の多くの非人部落の上にも勢力を及ぼして、大親分となっていた。清水坂の非人は祇園感神院に属し、奈良坂のは興福寺に属しておったから、ここにも南都北嶺争覇の影響が及んでいたものらしく、仁治、寛元年間に縄張争い等の事から軋轢を始めて、奈良坂の非人が清水坂の非人の或る者を味方につけ、清水坂を襲撃して、その長吏法師を殺したという事件が起った。そこで清水坂からそれを興福寺に訴え、奈良坂の方からこれを弁明した訴訟文書が遺っている。これを見ると、徳川時代における侠客間の、縄張争いの大喧嘩の如きものであった様子が知られる。

これらの非人部落を普通に「宿」と云った。当時大和には五十七宿あって、それが奈良坂の長吏の下に属していたのであった。

宿とはもと浮浪民の宿泊所ということで、それが非人部落の名称となったものらしい。古代にあっては、後世の如く旅宿の設備が整っておらぬ。公用を以て旅行するものは駅に宿し、身分のよい者ならば臨時に仮小屋を構えて宿泊する。普通の人は、知音を尋ね、或いは人の好意によって、宿を貸してもらう場合のほかは、いわゆる野臥山臥をしたものであった。もっともこの時代には、普通の人民が遠方に旅行をすると云うことは少く、長途の旅行を常に行うものは、大抵廻国の頭陀《ずだ》か、浮浪民かで、いわゆる一処不住の旅芸人、或いは渡り職人、旅商人とか、乞食法師とかの類であったが、かかる類の者は、善根宿《ぜんごんやど》として修行者を宿泊せしめる場合のほかは、普通の民家には宿泊を許さない。また彼らが旅稼ぎを為すには、既に述べた如く、所在の浮浪人の長、すなわちいわゆる長吏法師の縄張りを侵すものとして、まず以てその地の長吏に渉りをつけなければならぬ。すなわちその部落に足を留めて泊めてもらう。あたかも徳川時代に、博徒の親分というものが各々縄張りを定め、旅人《たびにん》と呼ばれる渡り博徒が、そこへ来て「草鞋《わらじ》を脱ぐ」という有様であったに相違ない。すなわち浮浪民の宿所であるが故に、いつとはなしにその部落を「宿」と云うことになったのであろう。かくてその足を留めるものが段々増して、非人部落すなわち「宿」は次第に大きくなる。言うまでもなくその長吏法師は、その「宿の長者」なるもので、その下につく小法師等は、いわゆる「宿の者」である。その「宿」が発達して、一般旅人を宿泊せしめる「宿駅」となるものもあれば、「宿の遊君」を置いて婬蕩の方面に発展し、ついには遊女を以て宿の長者の名をもっぱらにせしめた場合もある。

上方地方には、後世まで「シュク」と呼ばれた一種の賤者があった。文字には通例「夙」と書くが、もとはやはり「宿」と書いていた。これももとは上方には限らず、関東地方でも、九州地方でも、中国筋でも、奥州地方でも、また同様であって、今に村落都邑の場末に、よく単に「宿」とか、何宿とかいう地名のある所が多い。今では人家もなく、単に地籍名として遺っているのもあれば、立派に普通民の部落となっているものも少くないが、もとはけだし各地共通の意味があって、浮浪民の宿泊所たる非人部落があった所であるに相違ない。或いはそれを宿駅の「宿」と解する説もあり、事実それが街道筋の宿駅として発達しているのもあるが、その起原必ずしもそうでなく、また実地がそう街道筋であったとは思われないものが多い。

大和河内地方のいわゆる「宿」については、前述の如く、普通に「守戸《しゅこ》」の訛りだと説明せられ、その陵墓のない地方のシュクについては、その名が他の同じ階級の賤者に及んだのであろうと説明されていた。多数のいわゆるシュクの中には、或いはかかる起原のものがないとも限らぬ。しかし一般的にいわゆる「宿の者」が守戸からのみ起り、或いはその名称が他の同じ階級のものに及んだとは考えられぬ。たまたま「守戸」の名が「宿」に似ているので、その徒をもシュクと呼ぶに至ったのがあったとしても、それはむしろ例外であろう。しかるに上方のいわゆるシュクの徒の中には、世間から軽侮忌避さるるに対する自衛上の努力から、種々の起原説を唱えているものもある。その中には非常な富豪もあって、徳川時代に知名の学者に依頼したり、或いは京の公家衆に因縁を求めたりして、都合のよい説を宣伝した。シュクは志貴皇子の子春日王の後だなどとも云っている。春日王は癩病になられたがために、奈良坂に隠棲し給い、その子の弓削浄人がこれを孝養するについて、朝夙《はや》く起きて市中に花売をした。それで市人が弓削夙人《はやびと》と云った。それが「夙《しゆく》」の元祖であるなどという。或いは自分らは野見宿禰の率いた土師部の子孫である。土師部の首領たる土師連家は早く足を洗って、菅原、大江、秋篠等の学者の家になり、菅原道真というような大人物もその家から出たが、相変らず葬儀に関係して、いわゆる「御坊」をやっていた部下の土師部の子孫等は、取り遺されて遂にシュクと云われたのであるという。或いは夙の先祖は高貴の葬儀の際における殉死者で、その実殉死したと見せかけて墳墓から逃れさせてもらった代りに、永久日蔭者となって葬儀に関するものになったのだなどとも云っている。要するにみな後世の付会たるにほかならぬ。

しからばすなわち「宿」は非人部落の通称と云ってもしかるべきもので、それがその執る職業によって、他の名称を以て呼ばれたり、或いはもとの名が忘れられたりして、特に上方地方にのみ、主としてその名称が遺ったものと解せられる。彼らは他の非人の行ったと同じ道を行って、種々雑多の職務に従事した。葬儀に与っては「御坊」と呼ばれ、遊芸に「宿猿楽」の名もある。警察事務またその重要なるものの一つであった。これに関して最も正確な証拠文書を伝えているのは兵庫の「宿の者」である。兵庫には今も宿の八幡という神社があって、そこに昔は宿の者の部落があった。彼らは兵庫の津に付属して、地方の警察事務に従事していたのである。これに対して慶長十七年に、大坂の奉行片桐且元から、その報酬すなわち扶持を規定した文書を与えられている。これによると、兵庫の宿の住民は、平素宿の者を煩わすことが多いので、これに対して相当の報酬を与うべきものであった。すなわち兵庫の津からは、毎年盆に二貫文、暮に五貫文の銭を宿の者に与える。田地持は田畠大小にかかわらず稲一把ずつを与える。湯屋、風呂屋、傾城屋は、特別に人の出入りがあって、宿の者を煩わすことがことに多いので、盆暮に二百文ずつを与える。或いは富有の者からは、祝儀不祝儀の際に、二百文ずつを与える。また宿の者が罪人を捕えた場合には、肌付きの着物は宿に与える。かように宿の者の警察事務担当に対する報酬が、文書を以て規定されているのである。つまり「宿の者」というのは、或る村或る町に付属し、長吏支配の下にあるその町の常雇の警察吏というべきものであった。ことに人だかりの多い場所には、必ず宿の者が警固する。それ故に人集《だか》りのする営業者や、或いは富有なるものの祝儀不祝儀の際などに、宿の者に一定の金を与えるのは、つまりこれに対する報酬で、彼らは権利としてこれを要求することを認められていたのである。

これを要するに長吏法師は非人部落の長たるもので、小法師なる平非人は、その配下に属して雑多の職務に従事したのであった。しかるに後世にはこの名称や関係が忘れられ、長吏の名は普通にエタと呼ばれた或る一部族にのみ残り、小法師の名は、禁裏御所の御掃除人や、江戸の筆屋の屋号などに残るのみとなった。しからばエタとはいかなるものか。

13 いわゆるエタ（餌取、穢多）

徳川時代も中頃以後には、社会から賤視せられた階級のものが、種々の流れに分れていたが中にも、特にその身が穢れたものとして、一般社会から接触交際を厳重に忌避せられ、したがって普通には最も賤しきものとして視《み》られていた一部族があった。いわゆるエタである。関東地方や九州地方には、これを長吏或いは長吏ん坊などと呼んだ所もある。彼らはもと屠殺製革の業に従事したもので、それで学者の筆にした場合には、普通にこれを「屠者」と書き、通俗には皮太、皮屋、皮坊、訛ってカンボウなどと呼んでいたが、或いは山の者、谷の者、島の者などと、その居所によって名に呼んだ所もあり、或いはこれを御坊、番太、ホイトなどと混同して呼んだ地方もある。

しかしながらつらつらその名称の沿革を尋ねてみると、エタと称せられたものの含む範囲は、時代によって一様ではなかった。

徳川時代の賤者に関する法令の文には、普通に穢多非人の称を用いて、その間に或る区別の存在が認められていた。

エタはすなわち屠殺業者皮革業者で、職業上当時の迷信から、その身に穢れ多しと認められたから、これを文字通りにもっぱら「穢多」と称し、その以外のものを総称して「非人」と云ったものと解せられる。しかしそのほかに、エタともつかず非人ともつかぬもの、すなわちエタに類するもの、非人に類するものが、また多かった筈である。例えばかの御坊（俗に隠亡、穏亡、煙坊などとも書く）の一類、すなわち上方地方の宿（夙）、山陰道筋の鉢屋《はちや》、山陽道筋の茶筅《ちゃせん》、北陸道筋のトウナイなどと呼ばれた人々の如きは、もと葬儀にあずかり、屍体の穢れに触れるので、やはりその身が穢れていると思われてはいたが、普通には皮太すなわちエタ程には世間からは忌避されず、さりとていわゆる非人とも違ってい た。また乞胸《ごうむね》の名を以て呼ばれた大道芸人、縁日芸人、或いは猿引すなわち猿舞わしの如く、町家に住居して遊芸の生活をするものは、また非人小屋、非人溜りにいる非人とは別であった。

しかもこれをその本源に遡って考えたならば、エタも非人も実はもと一つの流れのもので、徳川時代の初頃までは、すべてを通じてエタとも非人とも呼び、その間に名称上の区別がなかったのである。しかるにその執《と》る職業の性質によって、世間のこれを見るところに段々と相違が出来、幕府の法令の如きも、関東のエタ頭弾左衛門の家法によって、ついにエタと非人との区別を立てたのであった。

彼らはもと通じて河原の者であり、坂の者であり、散所の者であった。それは後までも往々名称の上に残っている。かの河原者と云えば遊芸者のこと、坂の者すなわちサンカモノと云えば浮浪民の名称だと心得られていたのは、彼らがもと河原者、坂の者の流れであったことを伝えたのである。されば徳川時代もまだ寛永の頃までは、エタと非人との間にそうハッキリした区別はなく、通じては三家者《さんかもの》とも云ったのであった。袋中和尚の「泥洹《ないおん》の道《みち》」には、いわゆるエタも非人も、獣医すなわち伯楽も、関守、渡し守、弦差《つるさし》すなわち犬神人《つるめそ》などの徒をも、みな一緒にして三家者と云っているのである。袋中は戦国時代に生れ、寛永年間八十八歳で死んだ人で、彼の目にはまだエタ非人の間に判然たる区別はなかったのであった。

さらに遡って室町時代の「壒嚢抄《あいのうしょう》」には、「河原者をエッタといふ」とある。また鎌倉時代の「塵袋」には、「キヨメをエタといふ」ともある。キヨメは文字に「浄人」と書き、やはり河原者の仲間で、「延喜式」にいわゆる濫僧の徒である。それを或る場合には、通じてキヨメとも云ったのであった。「今物語」に、或る五位の蔵人が、革堂《こうどう》で窈窕《ようちょう》たる佳人を見てそれに懸想し、そのあとをつけて行ったところが、一条河原の浄人《きよめ》の小屋に這入ったという話がある。かの女はすなわち河原者の娘であったのだ。「塵袋」には、そのキヨメの事を一に「濫僧」と書いて、「ロウソウ」と云うとある。この場合濫僧すなわちエタであったのだ。そのほか漁師狩人など、殺生肉食を常習とするものをも、鎌倉時代には一般にエタの仲間に入れておった。前に引いた如く、かの日蓮聖人は房州小湊の漁師の子であったというので、自ら「旃陀羅《せんだら》の子」すなわち「エタの子」であると云っている。それで「大日本史」などには、日蓮は屠者の子なりと書いてあるが、決していわゆる屠者の家より出たのではない。しかし既にその父が漁夫で、殺生者である以上、厳格に云えばやはり屠者の仲間で、すなわち非人であるから、普通の人間ではない、畜生であるという解釈によって、「畜生の身なり」とも、また「身は人身に似て畜身なり」とも云っているのである。

かくエタという名称は、鎌倉時代以来甚だ広い範囲に渉って用いられ、非人との間にあえて区別を認められなかったのであったが、さらに遡ってその語本来の意義を尋ねれば、決してそんなものではない。

そもそもエタという名称の、最も早く物に見えているのは、自分の見た限りでは、前引鎌倉時代の「塵袋」である。この書には「穢れ多し」と書いて、「エタ」と読ませている。しかもそのエタと云う語の本来の意味を説明して、「餌取《えとり》」ということだと云っているのである。エトリが訛ってエタとなったというのである。

餌取とは、鷹や犬に食わせる餌を取るを職とするもので、徳川時代の餌差《えさし》というに同じい。昔は高貴の御鷹狩を催される為に主鷹司《たかづかさ》という役所があり、餌取はその主鷹司に付いている雑戸の類であった。天皇以外貴紳の徒も鷹を使って、三位以上は餌取を二人、四位以下は一人を抱えていたとある。そして餌取の扱う鷹や犬の餌すなわち食料には、通例死牛馬の肉を用いる。したがって餌取は平素死牛馬を屠るの屠者で、職業上常に獣肉を扱い、これが為に一般世間が肉食を忌み、特に牛馬の肉を一切喰わなくなった後にまでも、彼らは相変らず古来の習慣のままに、肉食の俗を有しておった。それ故に仏法者の方ではこれを排斥して、天竺の旃陀羅に比し、甚だしくこれを憎んだものであった。

無論餌取以外にも、殺生肉食を常習とする屠者はある。しかもこれらはやはり餌取同様、仏法の方から云えば、悪業を為す悪人仲間である。したがって都人に耳近い餌取の称を一般屠者に及ぼして、「屠者」または「屠児」と書いてエトリと読ませる例であった。その中でも特に死牛馬を屠る習慣を有するものを、最もひどく排斥し、この思想は鎌倉時代から室町時代に至って一層ひどくなったものらしく、「塵袋」や「壒嚢抄」には、これを悪人と云い、「空華日工集」には、「人中最下之種」などとひどい事を書いてある。

かくて遂には自身屠殺を業とせずとも、肉食妻帯を常習とするいわゆる濫僧の徒をも、餌取法師というようになった。

濫僧と屠者とはもと区別があり、「延喜式」には、明らかに「濫僧屠者」と連記して、両者を別々に見ておった。濫僧も屠者も共にいわゆる河原者で、京都では下賀茂すなわち賀茂御祖神社付近の河原に多く住んでいた。また同じ頃の三善清行が、この濫僧の徒を評して、「形は沙門に似て、心は屠児の如し」とあるのも、濫僧と屠者とは、同じ賤者ではあるが、その間区別のあるものだと見た証拠である。しかるにそれが後には一つものに見られることになった。つまり屠者も、濫僧も、同じく当時穢れとした肉食の徒であって、事実上だんだん区別がなくなったのだ。その日その日の生活に追われているような下層の落伍者は、肉を喰わないなどとそんな贅沢は言っておられぬ。ことに古来肉食の習慣が根強く存していた我が国において、相変らず肉食が一方では行われたに不思議はない。かくてその徒のすべてが餌取すなわち屠者と同一視せられ、それが訛ってエタと言われるようになったのであった。しかもその中で、徳川時代に至っては、現に死牛馬を屠り、皮革を製造していたもののみが、特に「エタ」と呼ばれるようになり、他のものは普通に「非人」として、その間に区別が認められるようになったのである。そして一旦「エタ」として認められたものは、後に屠殺業をやめて純農民に変っても、相変らずその素性を賤しまれて、容易に「エタ」仲間から脱出することが許されなかったのであった。

14　肉食の禁忌と屠者《えとり》

大宝令の規定するところ、賤民の主たる家人奴婢の徒が特に賤民として差別されたのは、階級意識の濃厚な時代における、社会の秩序維持の犠牲となったものであったが、特にこれらとは種類の違った陵戸が、雑戸の中から抽出されて、賤民の一つとして数えられたのが、触穢の思想の結果であったことは、既に述べた通りである。そして平安朝以後における新賤民が、ことに社会から隔離忌避されるに至ったのは、やはりこの触穢禁忌の思想の、一層濃厚になった為である。

触穢の禁忌とは、我が神明甚だしく穢れを忌み給うが故に、これに触れたものは神に近づくべからずとの思想で、その穢れという中にも、中世には肉食が最も重いものとなっていたのである。

我が国は本来そう肉食を忌まぬ国であった。奈良朝頃までは豚までも飼って食用に供したのであった。したがって神にも生贄として獣類を供え、上は一天万乗の天皇を始め奉り、下は一般庶民に至るまで、みな一様に肉を食したのである。したがってこの時代には、無論肉食を以て穢れとするような思想があった筈はない。しかるに仏法が広まってより以来、殺生を禁ずるという意味から、肉食は段々と排斥せられる事になった。既に天武天皇の御代から、動物の内でも牛馬犬猿鶏の五畜に限って、その肉を喰うことを禁止せられた。牛馬はもちろん人に飼われて、耕作運搬等の人助けをする。鶏は時を告げ、卵子を与える。犬は夜を守り、猟の手伝いをする。また猿は人間に一番近い動物であるから、人情上殺して喰うには忍びないという意味である。さればこれは単に肉食の禁というのとは意味が違う。しかるに後には段々それがひどくなって来て、我が神明穢れを忌み給うという思想に付会して、肉食は血腥《なまぐさ》く、神がその穢れを嫌ってこれを近づけないという事になって来た。しかもなお同じ肉食殺生といっても、相手によってその罪に軽重があるとされていた。獣類を殺し、その肉を喰うことは、鳥類魚類を殺してこれを喰うよりも罪が深い。鳥類を殺し、その肉を喰うことは、魚類を殺してこれを喰うよりも罪が深い。これは人情から出発したもので、獣類や鳥類は、いかにも殺されるのを恐れて、明らかに苦しがる事がよく人の目にも見られるが、魚類はそれ程でない。そこで同じ殺生と云っても、魚類は一番罪が軽く、獣類は一番重い。中にも人間に親しいものとか、近いものとかは最も罪が重いわけである。したがって、肉食を忌むようになっても、魚肉を喰うことはそれ程ではない。鳥類も或る程度までは許されたが、獣類すなわち四ツ足に至っては、絶対に禁ぜられた。中にも牛馬の如きは、もはや議論の外であった。もちろん魚類といえども、それも殺生せぬ方がよい。そこで持統天皇の時から、或る特別の場合には、場所と時とを限って魚を獲ることを禁ぜられた事もあった。奈良朝に至っては、放生を以て大なる功徳の行為となし、捕えたり飼ったりした生き物を放つ。聖武天皇の御代には、豚までも山に放たしめた事があった。

肉食を忌む思想の由来はかなり古い。既に大宝の「神祇令」に、祭祀に当って神官は肉食を遠慮すべき事が規定されている。生贄を神祇に供し、神官はこれを屠るが故に「ハフリ」と呼ばれた時代にあって、神官自身これを喰うを忌むという理由はない。神道で肉食を忌むことは、無論仏教の影響の、神祇の上に及んだ結果に相違ない。しかもその殺生肉食禁忌の思想は、次第に濃厚になり、神は殺生を忌む、特に肉食の穢れを非常に嫌うという思想が、一般国民を支配する事になって来て、「延喜式」では、神祇にあずかる官人は平素でも肉を喰ってはならぬとある。まだその頃までは、祭祀関係者以外のものは平素はそれを忌まず、天皇の供御にも、明らかに猪鹿の肉を奉った事が「延喜式」に見えているが、爾後百六、七十年も経った大江匡房の頃には、猪鹿の肉を喰ったものは、元日から三日間宮中へ上ることすらも出来ないという習慣になっていたことが、「江談抄」に見えている。無論肉食の輩は神社に参詣することが出来ない。牛馬の肉はもちろんのこと、普通に食用獣として、その名までが「しし」(六)、すなわち「肉」とまで、俗に呼ばれるようになっているところの、鹿や猪などの肉を喰っても、それから数日間は遠慮しなければならぬ。その日数は神社によって相違があって、石清水八幡宮がことに甚だしく、春日神社・稲荷神社・賀茂神社など、またいずれも厳重にこれを禁じていた。それも時代によって相違があり、鎌倉時代の習慣と思われる諸社禁忌の記するところによると、八幡宮は百日、春日や稲荷は七十日、賀茂・松尾・平野等は三十日とある。また八幡宮では、魚食のものでも三日間の禁忌とある。かくて肉食の徒は神罰を蒙るが為に、「宍《しし》喰った報い」という俗諺までが出来た。しかもなお神社によっては、後までも古風を伝え、信州の諏訪、摂津の西の宮、肥後の阿蘇、下野の二荒《ふたら》などでは、祭の日にわざわざ御狩と称して、猪鹿を狩ってそれを生贄に祭ったという事もないではなかった。

肉食の穢れはひとり肉食者のみに存するのではない。自身肉を喰わずとも、その穢あるものと「合火《あいび》」したもの、すなわち会食したものにも穢が及ぶ。八幡宮では、猪鹿の肉を喰ったものと合火すれば三十日間参詣を禁ずる例であった。さらに「又合火《またあいび》」とて、合火したものと合火しても、三日間遠慮しなければならなかった。もちろん穢れたものと同席してはならぬ。穢れた家に這入ってもたちまち穢がその身に及ぶ。穢れたものが這入って来れば、その這入られた家のもの全体が穢れる。殺生肉食者は、神に近づくことが出来ぬのみならず、一切他家と出入りすることをも忌避されたのであった。かくの如き次第で、殺生肉食常習者は、次第に社交圏外に置かれ、普通民からは相手にされなくなる。餌取《えとり》すなわち屠者の如き肉食殺生常習者が、次第に人間仲間に置かれなくなったのも実際やむをえなかった。たまたまエトリという語が訛ってエタと呼ばれるようになったので、彼らは「穢れの多い身」だという訳から、都合のよい「穢多」という文字をこれに当てることになり、全く社会外の非人として認められることとなったのであった。

かく仏法では殺生肉食を悪事とし、神道の方でもこれを非常なる穢として排斥したが、しかし屠殺業も、皮革業も、社会にとっては必要な職業である。何人かがこれに従事せねばならぬ。ことにその日その日の生活に困るような社会の落伍者たる人々が、かくの如き職をも厭わずこれを行い、したがって古来の習慣のままに肉食の風習を伝えていることは、いかに一方で排斥されても実際やむをえぬ次第であった。

仏法は本来衆生済度の宗旨である。したがって肉食者なりとてこれを疎外する筈はなく、ひとしく慈悲の手をこれに加えて、これを善導することに怠らなかった筈ではあるが、しかし既に貴族的になってしまった天台宗や真言宗の如き旧仏教では、いつしかこれを顧る程の親切がなく、穢を忌んだ結果として、自然彼らを疎外することになってしまった。もっともこれらの戒律を重んずる宗旨では、自己の戒行を保つ上において、これらの徒に近づくことを避ける事も実際やむをえなかったであろう。かくて比叡山では、穢者の登山をまでも禁じておった。また高野山では、今でも山内諸院の門に、往々「汚穢不浄の輩入るべからず」という禁止の制札をさえ見る程である。比叡山では、昔は山の登り口に、女人禁制、三病者禁制、細工の者禁制の制札があったという。ここに細工の者とは、いわゆるエタの事である。彼らの中には、竹細工や、革細工や、草履・武具・筆墨等、各種の家内工業に従事するものが多かったので、一つに「細工の者」とも云われていた。かかる有様であったから、僧侶は自身肉食妻帯が出来なかったのみならず、屠者に近づくことも出来なかった。したがって、「家に妻子を蓄へ、口に腥膻《なまぐさ》を啖う」と言われ、「形は沙門に似て、心は屠児の如し」と言われた濫僧《ろうそう》、すなわち河原の者、坂の者、散所の者等は、自然仏縁に遠いものとならざるをえぬ。彼らは自身法師であっても、如法の僧徒の方からは、下司《げす》法師である、非人法師である、餌取法師であるとして、仲間に入れられなかったのである。

旧仏教者がいかに屠者の輩を忌避したかについて、こういう事実がある。阿波の国では、室町時代の末から戦国時代にかけて、三好氏が勢力を有していたが、当時エタの事を「青屋」と云って、真言寺の方では甚だしくこれを排斥したものであった。青屋はすなわち藍染屋で、それがエタの種類であると云うことは、京都などでは余程後までも云っていた事で、徳川時代正徳の頃までも、藍染屋は役人村と云われたエタ部落の人々とともに、二条城の掃除や、牢番、首斬り、磔などの監獄事務を掌っていたので知られるが、その青屋を、勝瑞城下にある真言宗の堅久寺が檀家にしたので、同じ城下なる同宗の他の六ヶ寺から絶交を申し込まれ、堅久寺もやむなくこれを離檀して託言をしたという事が、「三好記」に見えている。この書の著者は非常なるエタ嫌いで、同書にはいろいろと青屋すなわちエタの悪口を云っている。「青屋と申す者は化者《ばけもの》にて候を、年寄より外存ぜず候。人間は生れぬ先の事は正しく存ぜず候故に、化けて人交り仕り候」とか、「エッタ交りする者は必らず滅び候と申して、堅くあらため申候。エッタ交りして家の滅びたるもの如何程も御座候」とか云っている。そしてその滅びたる証拠としては、三好長春(治)は青屋四郎兵衛の子の大太夫を小姓に使ったが為に滅んだのだとか、長春の小姓の山井図書は大酒飲みであったが、青屋にかたぎぬ着せたが為に乱心したとか、たたつ修理という侍は、青屋太郎右衛門の娘を息子の嫁に取ったところが間もなく死んだとか、そんな事をまで書いているのである。これ程にまで旧仏教の方では穢れを嫌い屠者の徒を忌んだのであった。

15 長吏と屠者《えとり》

既に述べた如く、エタという名称はもとその含む範囲が甚だ広く、ことに鎌倉時代には、殺生肉食の常習者として漁師の徒までもその仲間に看做し、漁家の出たる日蓮聖人が、自ら旃陀羅の子である、畜生の身であると言われた程であった。その広い意味のエタの中にも、現に死牛馬を屠り、皮革を製するものをのみ、特に後世エタと呼ぶに至った事も、また既に述べたところであるが、この狭い意味のエタの事を、或いはチョウリとか、チョウリンボウとか云った地方がある。長吏または長吏坊の意で、すなわちいわゆる長吏法師である。

非人部落の長なるものは、往々特権として己が縄張内に生じた死牛馬処理の業を独占し、皮革を製造して、利益を壟断したのであった。もちろんあらゆる長吏法師が、ことごとく皮革業者となった訳ではない。後世シュクとか、御坊《おんぼ》とか云われた人達の中にも、やはり長吏はあったけれども、死牛馬を扱わなかったものは、後世いわゆるエタとはならなかったのである。

非人部落の長吏は、前引兵庫のシュクの場合と同じく、村落都邑に付属し、部下を率いてその村方町方を警固し、その報酬として一定の俸給を貰う。農村であれば出来秋に稲を貰う。普通は一反について稲一把ずつという例であった。また祭礼とか、正月とか、盆とか、節季とかいう紋日にも、餅やその他の物を貰う。彼らはもと法師仲間であるが故に、それぞれ受持ちの檀家というものがある。いわゆる檀那である。檀那とは仏法の方の言葉で、施主のことをいう。寺の住職は檀那の家すなわち檀家から、布施を受けてその家の仏事を受け持つ。餌取法師もまた寺に檀家があると同様に、それぞれ檀那を受け持って、その受持ちの家に事件があれば、早速駆けつけて面倒を見る。そのためにその家からは特別に貰いが多い。後世では通例これを「持ち」と云う。彼らはその村落都邑の警固掃除等の任務を負担するとともに、特にその「持ち」の家に専属する形になっている。すなわちその村落都邑の住民を分担しているのであった。そしてその報酬として、相当の俸給を受けたのであった。

その以外にも、彼らは種々の特権をもっておった。そこに市が立つ、或いは勧進興行があるなどの場合には、彼らは秩序維持の任に当る。したがって市の店主《たなぬし》からは店銭《たなせん》と称し、また興行の勧進元からは櫓銭《やぐらせん》と称して、相当の報酬を取る。あたかも博徒がテラ銭を取る、顔役が祝儀を受けるというのと同じ様子のものであった。特にまた関東のエタ頭弾左衛門は、関八州の灯心の専売権を有して、非常に富裕であったという。その他地方によっていろいろの特権が認められたのであった。もちろんその配下のものが、一方では家内工業に従事して、細工の者とも呼ばれ、また各種の遊芸をなしてホカイビトの仲間ともなり、多くの遊芸人がこの中から出ていることの如きに至っては、他の非人部落とそう区別はなかったのである。そしてこの死牛馬を処理するの特権を有する長吏の配下のもののみが、後には特にエタとして忌避されたと同時に、長吏の名称をその部族全体に及ぼして、他の非人の上位にいるとして主張したのであった。

いわゆるエタが長吏として、他の下り者《さが》といわれた雑工業者や、遊芸者たる非人の徒を支配するの権利を有すと主張したことについては、種々の事例を遺している。これはこれらの徒がもと非人法師の仲間であって、長吏はその首領であったが為であるにほかならぬ。

もともと雑工業者は、上古から雑戸として、卑品と認められていたのであったが、平安朝以来いわゆる非人法師が輩出したについて、彼らの徒の中には自然この卑職に流れたものが多かった。したがって雑工業者の徒のうちには、室町時代に至るまでも、相変らず法師姿でいたものが多い。「七十一番職人歌合せ」の絵を見ると、筆結《ふでゆい》・弦売《つるうり》・轆轤師《ろくろし》・饅頭売・賽磨《さいすり》・鎧《よろい》細工・草履作・足駄作・唐紙師・薄打・鏡磨《とぎ》・玉磨《すり》・硯士《すずりし》・鞍細工・葛籠《つづら》造《つくり》・箙細工《えびらざいく》・枕売・仏師・経師・塗士・硫黄箒売・一服一銭・煎じ物売など、下《さが》り者と云われた諸職人・諸行商人は、多く法師姿である。その他既に俗体になっているもののうちにも、同じ流れのもの多かるべきは云うまでもない。渡守・関守・山番・野番・水番などにも、同じ流れの者が多く、長吏は、それらをもみなエタ支配の下にいると主張していたのであった。

　遊芸者の仲間も多くはまた同様で、千秋万歳法師・田楽法師・猿楽法師など、もとはその名の如く法師であり、虚無僧の如きも、やはり尺八を吹く遊芸僧であった。それで長吏は、この流れの遊芸者をもやはり自己支配の下にいると主張しておった。

　死牛馬を屠り皮革を製する皮太《かわた》の徒は、後世穢れ多しの意味でエタの中のエタとせられ、「穢多」という忌まわしい名を専有せしめられたのであったが、しかもそれは実に非人中の長吏の専職となっていたのである。本来は皮革業必ずしも長吏なる者の職ではない。もとはいわゆる屠者《えとり》の職で、非人法師たる濫僧とは別であったが、それが利益の多いものであったが為に、自然長吏法師等が自己の特権として、死牛馬を扱う権利を壟断し、部下を役して皮革業を独占したものと解せられる。日本は農国で、耕作運搬の為め牛馬が多い。また公家の牛車の牽き牛もあり、また武士の世には騎乗用の馬も多かった。そしてその牛馬の死んだ時に、それが人生に必要な皮革を供給すべき有用なものであっても、普通民は、穢れを恐れるが故に、自身これを扱うことが出来ぬ。そこで自然それは非人の業となり、彼らはこれを屠ってその皮を剝ぎ、皮革を製し、肉を喰う。この有利なる事業がいつしか長吏の壟断するところとなり、その「持ち」すなわち縄張り内に生じた死牛馬を独占して、同じ非人仲間のものでも、他の者には手を触れさせぬ。農家にしても、或いは武家にしても、牛馬が死ねば必ずこれを長吏に下付する。かつては農家ではその所置に困って、一定の捨場に放棄し、いわゆる牛捨場・馬捨場なるものが所々にあったが、その捨場の権利を長吏が壟断し、これが彼らの大きな財産となって、これを高価に売買し、また質権の目的物としたものであった。

かくの如く、いわゆる下り者の職業も次第に分業になって、警察事務に従事する非人の長吏が、必ずしも皮革業者とは限らなかったが、皮革業は或る長吏の壟断するところとなって、自ら同じ非人の流れの中にも、穢れの多いものと、然《しか》らざるものとの二つに分れて行った。皮革業者たる長吏は、部下を率いて一方では相変らず村落都邑の警察事務に従事しながら、一方では皮革を扱うが故に、その利益は甚だ多かったが、これが為にまた自然に、普通民からは穢れを恐れて疎外さるることを免れなかった。かくて徳川時代になっては、一方ではエタ、非人の人口が非常に殖えて来たし、一方では国家の秩序も段々立って来たので、従来は彼らはいわゆる非人として、国家はこれを国民の外に置き、国法ではこれを顧みずして、一に彼らの自治に委しておいたものも、もはやそれを長く放任することが出来なくなったので、種々取締法を講ずるに当って、ここに「穢多」・「非人」という区別が、次第に判然と出来て来たのである。すなわちもとは同じ流れの非人の中から、「穢多」という一部族が区別されて、特別に身体が穢れていると認められるようになったのである。

エタは自ら他の非人よりも地位が高いと主張する。他の非人等は、エタの下に置かれていることを潔しとせずして、しばしばその間に悶着を起す。しかもその訴訟は大抵エタの方が勝ちになっている。彼らの祖先がもと長吏法師であり、またはその部下であった為でもあろうが、実は関東においてエタ頭として認められた弾左衛門が、種々の証拠書類を持っておった為でもあった。弾左衛門は浅草に住し、頼朝公のお墨付というものを持ち伝え、徳川幕府ではこれを認めて、彼を関八州から、甲斐・駿河・伊豆及び奥州地方十二ヶ国のエタ頭とし、エタ非人を総轄せしめたのであった。彼の祖先はもと鎌倉におって、鶴ヶ岡八幡宮に属して警固掃除等の役をつとめた事、なお京都祇園の犬神人のようなる関係のものであったらしい。したがって頼朝公のお墨付というものを伝えて、徳川家康江戸入府の際にも、その由来を申し立てて、エタ非人の頭たることを認められたのであった。そのいわゆる頼朝公のお墨付なるものによると、座頭《ざとう》・舞々・猿楽・陰陽師以下、いわゆる二十八座の遊芸者・工業者等は、みな長吏支配の下に置くということになっている。これは奈良の唱門師が、いわゆる七道の者を進退したと同様で、いわゆる長吏法師なるものが、非人を取り締るは普通のことであったのだから、必ずしも弾左衛門のみの特権とは限った訳ではないが、彼が頼朝公のお墨付というものを持っていたが為に、特にその権利が江戸時代に認められたのであった。そして彼は、長吏として皮革業に従事していたが為に、非人の中でもいわゆるエタとして認められ、一般に長吏すなわちエタ、エタすなわち長吏であるとして、いわゆるチョウリンボウなる言葉が普通にエタに対して用いられるようになったと思われる。

この文書は無論真っ赤な偽物である。偽物ではあるが、大体弾左衛門がそんな偽物を以てその権利を主張したということは、もともと長吏なるものが、他の非人を支配の下に置いたものであることを示している。その数もと二十八座とあるが、後には段々と増して四十余となり、湯屋・風呂屋・傾城屋等も、みなその中に加えられることになっているのである。

この書類に基づいて弾左衛門はその支配権を主張し、しばしば種々の問題を惹起した。宝永年間房州で歌舞伎芝居興行の節、弾左衛門手下のものが、舞台に乱入して役者を脅迫した。弾左衛門の方では、芝居者はやはりエタ支配の下にいるとの見解によって、渉りを付けなかったのを咎めたのである。しかるに役者の方ではそれを承認しない。遂に訴訟になって、初めは弾左衛門の方が有利であったが、弾左衛門の方で提出した例の頼朝公のお墨付には、確かにそれに当てはまるべき名目がない。役者の方では「雍州府志《ようしゅうふし》」を証拠として、芝居なるものは八十年ばかり前に、京都の四条河原に始まったもの、歌舞伎も慶長年間に、出雲のお国が始めたもの、浄瑠璃も治郎兵衛というものが始めたので、いずれも新しいものである。無論頼朝公の時分には無かったものだ。それを頼朝公が長吏支配の下に付けられる理由がないという。その主張が通って、この訴訟は遂に弾左衛門の敗けとなった。

また同じ頃に能役者金剛大夫が、江戸で勧進能を興行した事があった。この時も弾左衛門から苦情が出て、その手下が五十人ばかり舞台へ乱入した。この問題は例の頼朝公のお墨付に猿楽という名目があるのが証拠になって、弾左衛門の方が有利に認められ、酒井讃岐守の仲裁で無事に治まったと云うことである。

座頭との間の面倒な問題もこの頃に起った。いわゆる当道・盲僧の輩である。盲僧たる琵琶法師の徒は、常に高く自ら標持して、舞々・猿楽の如き賤しき筋目の者とは同席せぬとまで威張っていたものであった。しかるにこの頃検校の僧官を有する座頭が江戸に下ったところが、弾左衛門は例の文書によって、エタ支配の下にいるべき筈だと主張した。これは座頭にとって思いもよらぬ難題であるが、形勢不利とみて、京へ夜逃げして帰ってしまったとある。このほかにもエタ、非人の身分上下の争いは、度々所々で起ったが、大抵はエタの勝ちとなっている。すなわち彼らの長吏たることが認められたのである。

要するにエタは世間から穢れ多いものとして、ひどく忌避されたけれども、身分は他の非人の上に立って、これを支配する長吏だという事が認められていたのであった。

16 御坊と土師部、鉢屋《はちや》と茶筅《ちゃせん》

非人の職業の中でも重要なるものの一つは、葬儀に関したものであった。そして主としてこれに関する者を、俗に「オンボ」と呼びならわしている。すなわち「御坊」の義である。御坊とはもと非人法師に対する敬称で、「御坊様」という事にほかならぬが、後にはその法師たることが忘れられて、穏亡或いは隠亡・熅房・煙亡・煙坊などの文字を当てている。いわゆる三昧聖《さんまいひじり》である。地方によってはそれをハチとも、またハチヤともいう。土師の義である。

我が古代における葬儀のことは、土師部《はじべ》の掌《つかさど》るところであった。葬儀は穢に触れるものとして、その専業者は自然他から卑しく視られるのはやむをえなかった。土師部はいずれ社会の落伍者として、農民すなわち公民となるの機会を失い、雑戸の徒として土器を焼き、兼ねて葬式を扱う家柄となったものであったと解せられる。その土師部の末がそのままに、上方《かみがた》地方のいわゆるシュクの或る者の主張する如く、後世のシュクになってその祖業を継承しているものもないと言われぬが、いわゆる御坊はその名の如く、三昧聖と云われた下級法師で、非人法師の仲間である。ただその執る職が昔の土師の職であったが為に、他からハチまたはハチヤなどと称して、これを賤視することになったにほかならぬ。

古代の土師部が他から軽侮されたのは、彼らがもと公民でなく、土器作りの雑戸であった上に、ことにそれが葬儀を担当し、穢に触れる為であった。土師の頭なる土師氏は、出雲国造の一族として、系図上その立派な家柄を主張していても、やはり葬式を扱う事から、自然に人がこれを嫌う。たまたま桓武天皇の御生母が、その土師氏の女の腹から出られたお方であったという関係から、御孝心深くましました天皇は、その専業の不当をお認めになり、土師氏葬式の祖業を廃して、その居地の名に因んで菅原氏、秋篠氏と称し、或いは御生母大枝の山陵の名を取って、大江氏を名告《なの》り、それぞれ学者の家を起した。これが為に土師氏は、触穢の業から離れてしまったが、しかしその下に付いていた部民は、相変らず祖業を継いで、土師として軽侮せられ、後世これと同じ業に従事した三昧聖の「御坊」も、ハチまたはハチヤなどと云って、自然卑しまれる習慣が濃厚になった。「ハチ」はすなわち土師の転訛であると認める。かの空也上人の門流たる三昧聖の徒が、瓢《ひさご》を叩いて念仏を唱えながら、これを瓢叩きといわずして、世間から「鉢叩き」と呼ばれているのも、ハチ叩きの意であろう。山陰道筋では、近い頃までこの流れの者をハチヤと云っていたが、上方地方でも、もとは御坊のことをハチヤとも云い、また警察事務に従事したいわゆる番太の事をも、ハチヤと呼ぶ場合があった。北陸地方でトウナイと呼ばれたのも、つまりは同じ御坊の流れの者であるが、これはハチと云う名称が軽侮の感を起さしめるので、その「八《はち》」の語を隠して、十《とお》に足らぬ「十無《とおな》い」だと、隠語で云ったのが本であろう。上方地方ではエタのことを隠語で「ヨツ」と云った。エタは非人で、人間仲間ではない、畜生である、四ツ足であると云う意味だとも、或いは獣類すなわち四ツ足を喰う為だとも説明されているが、おそらくこれもやはり「八」と云う言葉を隠して、半分の「四ツ」と云ったのではないかと思われる。しかしそれらはいずれももとは通じてエタと呼ばれたので、エタも、御坊も、ハチも、本来は差別はなく、いずれも落伍者たる非人法師の徒であったにほかならぬ。

非人法師はもちろん法師の徒ではあるが、もともと社会の落伍者としての自度の法師で、かの三善清行の指摘した如く、家に妻子を蓄え、口に腥膻《なまぐさ》を啖《くら》い、形は沙門に似て、心は屠児《えとり》の如しと言われた破戒法師であった。それで時には餌取《えとり》法師とも呼ばれ、前記の如く真言宗や天台宗の如き貴族宗では、非常にこれを嫌って寄せつけなかったものであったが、しかしまた一方では、毫もこれを忌まぬ宗旨もないではなかった。念仏宗門すなわちこれである。阿弥陀如来はいかなる極重悪人でも、ことごとくこれを極楽に摂取するというのである。

念仏の教えは古くから我が国に伝わり、餌取法師と呼ばれて、口に牛馬の肉を喰い、家に妻子を有する非人の徒でも、念仏の功徳によって極楽に往生することが出来るという思想は、既に平安朝からあって、「今昔物語」にその例話が幾つも出ているのである。しかもその特にこれを宣伝して非人済度につとめたのは、空也上人が初めであった。

空也上人は延喜の頃に生れた人で、ちょうどかの濫僧《ろうそう》すなわち非人法師の徒が、しきりに発生した時代の人である。彼は盛んに念仏宗を下層民の間に宣伝して、口に念仏を唱えしめて、彼らに極楽往生の安心を与えたのであった。ことに彼は今日のいわゆる社会事業に努力し、橋をかける、道を繕う、嶮岨を平らにする、井戸を掘る、これらはみなその追従の信徒を使役して、事に従わしめたのであった。その追従の法師（聖《ひじり》）には、道に落ちた紙屑を拾って、漉き直して写経の料紙を作る、縄切れを拾って、土に雑ぜて古堂の壁を修繕する、爪の喰いさしを拾って、獄舎の囚人に与えるなど、種々の社会奉仕的事業、慈善的事業をなさしめ、またしばしば墓所を見まわって、三界万霊に回向する。いずれ葬式の世話をする三昧聖の徒であったと解せられる。「三国長吏由来記」と称する弾左衛門家の記録によると、空也上人が牢舎の囚人二十一人を申し受けて、七乞食、八乞食、六道の者というものを仕分け、掟を長吏に預けて、国々に置いたとある。いわゆる七乞食とは、猿引・編木師《ささらし》・恵美須・辻乞・乞胸《ごうむね》・弦指《つるさし》・盲目で、また八乞食とは、薦僧《こもそう》・鉢坊《はちぼう》・絵《え》説《とき》・鉦打《かねうち》・舞々・猿牽《さるひき》・山守・渡守を云い、次に六道の者とは、弓造・土器作・石切・筆結・墨師・獅子舞だとあって、みないわゆる長吏弾左衛門支配下の者どもであった。けだしこれらの「下り者」と云われた職人・芸人等が、空也上人を祖と仰いでいた事を伝えたので、空也は一方に各種の非人法師の救済者であると同時に、一方ではいわゆる免囚保護の事を行って、それぞれに生活の道を授けたのであった。

空也はまた殺生肉食常習の猟師の徒をも教化した。平定盛、狩を好んで、上人に馴れ親しんでいた鹿を殺したので、上人これを傷んで、その鹿の皮を請い受けて皮衣とし、角を杖の先につけて、始終身を離さず念仏を申す。定盛為に一念発起して、その弟子になったとある。殺生者はその悪業の故に、三悪道に堕ちねばならぬ因縁を持っている筈であるが、阿弥陀如来は過去の罪業を追及せぬ。空也は念仏の功徳によって、彼らをもことごとく済度したのであった。かくてその徒は常に鹿の皮衣を着、瓢簞を叩いて念仏を唱え、一方内職としては竹細工に従事し、茶筅を作ってそれを売ってまわる。いわゆる鉢叩きであり、茶筅売である。瓢簞を叩いて鉢叩きとは聞えぬ名称であるが、けだし古くは単にこれを「叩き」と云い、それがいわゆる「ハチ」（土師）であるので、ハチ叩きと云ったものかと思われる。

空也の門流として後世までも有名なのは、山陰道筋のハチヤと、山陽道筋のチャセンとであった。地方的にその名称を異にしてはいたが、古くはハチヤをもチャセンと云い、チャセンをもハチヤと云ったのであった。岡山県あたりにヒジヤという地があって、文字にはいろいろ書いてあるが、つまり土師谷（或いは土師屋）で、ハチまたはハチヤというと同語である。茶筅は或いはササラとも云った。彼らは竹細工を内職として、茶筅或いは簓《ささら》を造ってこれを売り、またその檀家とするところに配ってまわったが為で、そんな名称を得たのである。檀家とは、彼らが法師であるが故に、なお前に述べたエタの「持ち」と同じく、自分の受持っている家の事をそう呼んでいたのである。東海道筋では、普通に説教者とも、またササラとも云っていた。前述空也の門流中の編木師《ささらし》・絵説《えとき》・鉢坊《はっちぼう》などというのはこれで、通じては「御坊」である。彼らは葬儀・警察等の事務を行い、村落・都邑に付属して、管内の静謐をはかり、特に檀家、すなわち受持ちの家を定めていること等、一つに前述のシュクやエタと同様であった。否後世その名称を異にしていただけで、彼ら自身実はシュクであり、エタであったのである。出雲において尼子経久が、エタの軍勢を催して富田城を恢復した事が、「陰徳太平記」などに見えているが、ここにエタとは、すなわちいわゆるハチヤの事であって、ただ彼らは死牛馬を屠らず、皮革を扱わぬ為に、皮屋すなわち後世のエタにはならなかったので、つまりは同じ流れの落伍者にほかならぬ。そして他の地方のものが、多くは空也の門流であったことを忘れた後にも、山陰道筋の鉢屋と、山陽道筋の茶筅とは、相変らず上人を祖述し、空也流の本山たる京都四条坊門なる、紫雲山光勝寺との因縁を保っておった。

空也は下層民を率いて、ただに念仏を唱えしめたのみでなく、その念仏に曲節をつけ、手振り足踏みを加えて、いわゆる歌念仏、踊念仏を始めたと伝えられている。極楽往生の安心を得たならば、自然に歓喜踊躍の情が湧き出づる訳ではあるが、つまりは普通に落伍者の流れて行く道の一つなる遊芸の徒と、念仏の行者とが合致したものと解する。いわゆるハチヤ・茶筅などは、万歳その他種々の遊芸を行っていたのである。すなわち工業・遊芸・葬儀・警察等、普通の落伍者が行ったと同じ道を行っているのである。またこの徒には、産婆や医者の如き、世助けの業をなすものがすこぶる多かった。北陸道のいわゆるトウナイ筋には、トウナイ医者という称呼まであって、今でもこの筋の人で、名医が相当多いそうである。

17　下層民と念仏宗

天台真言の如き貴族的な旧仏教の諸宗が、穢を忌避して下層の特殊民を相手にしなくなった際において、空也上人が大いにこの方面に布教宣伝したことは、念仏宗本来の教義に基づいたもので、最も時勢に適した宣伝であった。罪人だ、悪人だなどと呼ばれて、現世に到底光明を認めえなかった最下層民は、実際念仏によってのみ未来の光明を認めることが出来たのであった。

空也に次いで出たのが恵心僧都源信である。彼は「往生要集」を著わして、「往生極楽の教行は、濁世末代の目足なり。道俗貴賤誰か帰せざらんものぞ。ただし顕密の教法はその文一にあらず、事理の業因はその行これ多し。利智精進の人は未だ難しとなさざるべきも、予が如き頑魯の者は豈《あ》に敢てせんや。その故に念仏の一門によりて、聊《いささ》か経論の要文を集む。之《これ》を披《ひら》いて之を修せば、覚り易く、行じ易からん」と説き、下層民の依るべきものは、ただ念仏の易行門のみであるとのことを盛んに宣伝した。この源信が自身手を下して、下層民を済度したことはあまり知らないが、その後に出た源空すなわち浄土宗の開祖の法然上人大いにこれを祖述するに至って、浄土欣求のこの念仏宗門は日に隆盛になり、殺生常習の屠者の如き輩までも、為に救われることとなった。源空の説法は、今日の言葉で云えば、たしかに旧仏教に対する過激思想、左傾思想の宣伝で、甚だしく当時の旧仏教の人々を驚かせた。「善人尚以て往生す、況《いわん》や悪人をや」とは、彼のモットーとするところであった。旧仏教によって毫も顧みられなかった殺生者の如き、いわゆる極重悪人の輩でも、阿弥陀如来は救うて下さる。善人ならばわざわざ弥陀のお世話にならずとも、自力で極楽往生の道があろうが、他によるべのない悪人は、弥陀の他力本願に依頼してのみ往生が出来る。十方の衆生至心に信楽して、我が極楽浄土に生れんと欲せば、ないし十念せよ、五逆罪と正法を誹謗したものとのほかは、ことごとく往生せしめるという誓願を、阿弥陀如来は持っておられるというのである。十方の衆生とは一切の人類を包含する。殺生者でも盗賊でも、人殺しでも差支えはない。念仏の功徳によって、みなその願いのままに極楽へ引き取って下さるというのである。なおその極楽には九品の階級があって、たとい五逆十悪の如き諸の不善の業を具している程のものでも、死ぬる時に善知識に遇うて妙法を聞き、念仏すれば、下品下生の極楽へは生れる事が出来るとさえ説いているのである。極楽往生の為には神を祭る事もいらぬ。親に孝行しなくても極楽へは行ける。僧侶の破戒もかまわぬ。一体破戒の持戒のという事は、戒律があっての上の事である。例えばここに畳があるが故に、畳が破れているとか、破れておらぬとかの問題も起るが、初めから畳がなければ、破不破の問題はない筈だ。今は末世末法の代で、戒律などは全然なくなっているのだから、破戒の持戒のという問題は起りようがないと、かなり思い切った説法を源空は行ったのである。これは現世に光明を認めず、また無学文盲にして、高尚な教理を会得するの準備もなく、また到底厳格なる生活をなしえないような、堕落のドン底にいる当時の下層民済度の為には、極めて適切な説法であった。しかしこれを聞いた旧仏教徒が、騒ぎ出したに無理はない。解決を暴力に訴える右傾派が起って来る。朝廷に嗷訴して禁止を強請する。それで源空も余程閉口したものと見えて、晩年には大いに温和な説法を試みる事となった。余の仏菩薩を謗《そし》ってはならぬ、破戒をすすめてはならぬなどと、厳重に弟子を誡めて、七箇条の起請文を書き、一同に署名させている。また叡山に対しても恭《うやうや》しい怠状を呈し、自身には日課七万遍の念仏を申して、「一念尚生る、況や多念をや、罪人尚生る、況や善人をや」などと、善行をすすめ、多念をすすめるようになった。一念とは、唯一度の念仏で極楽に往生しうるという流義であり、多念とは、多く念仏を繰り返すを奨励する流義である。

かくの如く源空は、その晩年において大いに温和なる説法をするようになったが、これが為にいわゆる悪人往生の方にはやや疎遠になり、その流れを受けた後の浄土宗の方では、同じ念仏宗でも、エタ非人などといわれる側の下層民は、あまり収容されなくなった。しかるにその門弟子の中には、相変らず過激の宣伝をなすものが多く、これには源空もかなり悩まされた。「我が師法然上人は、あんな温和な事を言っておられるけれども、あれはほんの世間体を繕う為で、上人の本心ではない。上人の言みな表裏ありで、本当の事を言ってはおられないのである。上人は毎日日課として七万遍の念仏を唱えておられるけれども、実は一遍申せばそれで十分なのである。神を祭るにも及ばぬ、女に近づいてもよい。肉を喰うてもよい。ただ一度南無阿弥陀仏を唱えて、極楽に生れようと願えばそれで十分である。上人は下根の輩には本当の事を言われてない。真に上人の法を受けている者は、吾ら利根の輩五人のみしかない。自分はその一人である」などと言って、しきりに北陸地方で、一念義を唱えた者もあった。

同じく源空の門下に出て、後の浄土宗から分立し、源空最初の意気盛んな頃の説をどこまでも主張したのは、真宗の開祖善信聖人親鸞であった。彼は相変らず悪人往生の為に尽力し、「善人尚以て往生す、況や悪人をや」を説いている。その唱うる念仏は報恩謝徳の念仏であって、極楽往生を願う為の念仏ではない。同じ念仏でも、真宗の念仏と浄土宗の念仏とは、念仏の意義が違う。かくて親鸞は自身肉食妻帯を体験して、破戒の行業を辞せず、非僧非俗の愚禿と称して、在家法師、俗法師の徒を以て任じ、社会のドン底に沈淪した最下層民たる餌取法師、非人法師の徒をも疎外することなく、いわゆる御同朋御同行として、世間から最も罪業深いものと認められた、かの屠者《えとり》の輩をまでも済度された。同じ念仏宗でも空也流とは趣きを異にして、一方に罪を犯しながらも、一方に仏を信ずることによって、極楽に往生しうるというのである。これが為に従来仏縁から遠かった人々も、多くこの宗旨に救われた。浄土宗ではあまりエタ、非人の徒を収容せず、空也流でも、茶筅・鉢屋・簓など、殺生から遠ざかった下層民を収容したが、親鸞の流義では、必ずしも殺生を禁ぜぬ。職業としてやるならそれでもよい。もともと神を祭らぬのであるから、肉を喰っても、皮を扱っても、それを穢れとして忌避する必要はないのである。これが為に、徳川時代にエタとして世間から甚だしく疎外された下層民は、大多数この宗旨に帰依するようになった。

親鸞とほぼ時を同じゅうして、日蓮聖人が現われた。彼は熱心に法華を説いて、他宗派を攻撃し、時に念仏とは全く反対の道を歩んだ。念仏無間、禅天魔、真言亡国、律国賊とは、彼のいわゆる四個の格言であるが、中にも念仏者は正法を誹謗するもので、阿弥陀如来の誓願にも、五逆と正法誹謗者とは除外されているのであるから、彼らは無間地獄へ落ちて、永劫浮ぶ瀬はないというのである。しかし日蓮もまた下層民済度の為には、かなりの努力を惜しまなかったようである。彼は自身漁家の出として、旃陀羅《せんだら》すなわちエタの子であると呼号して、法を説いたくらいであるから、もとより殺生者を疎外しない。そこで東海道筋から、関東、信州辺りには、徳川時代にエタと云われた人々の中に、日蓮宗を奉じているものが少くない。

最後に出て特殊民を済度した念仏の行者は、時宗の開祖たる一遍上人智真である。彼は遊行上人ともいわれる程で、念仏を唱えて諸国を遊行しつつ法を説いたもので、この遊行派に属する者は関東地方に多い。この派の行者を鉦打《かねうち》と云う。空也の鉢叩きが瓢箪を叩いたと同様に、遊行派のものは鉦鼓《かねたいこ》を打って人の門に立ち、念仏を申して報謝の手の内に生きるのである。この鉦打は鉢叩きの徒と同じく、「興福寺大乗院寺社雑事記」には、七道の者と称する中に収め、唱門師たる非人頭支配の下に属する非人と見做し、弾左衛門支配の二十八座という中にも、共に数えられているのである。鉦鼓を打って念仏を申す修行者は、既に平安朝からあったが、遊行上人出でて以来、ことに盛んになったのである。鉦打の徒は四国九州のあたりまで広がっているが、特に関東地方の落伍者が、多くこの徒に走ったらしい。山陽道筋のチャセン、山陰道筋のハチヤが、空也の門流として鉢叩きの徒であると同様に、関東地方に多いこの鉦打の徒は、後までも一遍の門流たることを標榜している。その遊行すなわち浮浪の状態から脱却し、土着してカネウチ筋と呼ばれて、遊芸や雑職に従事しているものが所々にあった。このほか信州から関東筋には、「ネブッチャ」

或いは「ナマダンゴ」などという筋のものがあるが、ネブツチャは疑いもなく「念仏者」の訛りで、ナマダンゴは「南無阿弥陀子」、または「南無阿弥陀講」の訛りであろうと言われている。これらはみな念仏宗と特殊民との関係を語っているもので、我が国のいわゆる賤民史上、ことに重要なる地位を占むるものである。

18 声聞師と下司法師

いわゆる非人法師、餌取法師などの輩は、古代の国法上にいわゆる賤民以外の新賤民で、三善清行のいわゆる形は沙門に似て、心は屠児の如き下司法師の徒であった。その一類を時にショウモンジということがあった。

上方地方には、後世になってもショーモン筋と呼ばれて、他から疎外される家筋のものがあった。文字には俗に「正文」、「証文」などと書いてあるが、正しくは「声聞師《しょうもんじ》」である。声聞とは仏教上の語で、小乗阿羅漢の徒を云う。彼らはただ仏の説法の声を聞き、煩悩を断じて涅槃に入らんとするもので、灰身滅智《けしんめっち》を結局の目的としている。すなわち自利の行者である。菩薩の如く利他の大行を行じて、結局は仏果を得るものというのとは、大いに選を異にしているのである。そこで低級なる下司法師は、同じ法師姿をしておっても、大乗菩薩行の如法の法師等とは事変って、単に自利のみを事とする小乗下根の声聞の徒であると云う意味から、これを声聞師といって疎外したものと思われる。しかるに後にはその本義が忘れられて、彼らは人の門に立ち、経を誦し、仏名を称して、米銭を貰う乞食である、門に唱えるもの、すなわち唱門師であるという意味から、室町時代には普通に「唱門師」と書くようになった。これはいわゆる声聞なる名称が、もとは非人法師を指斥賤称として用いられたとは云え、その実阿難とか迦葉とか、舎利弗とかいうような、尊敬すべき阿羅漢衆の事であるから、もちろんかの賤しい下司法師原《ばら》の徒と同日に談ずべきものではないということで、自然その本語が忘れられるに至ったものであろう。けだし彼らは鉦打、鉢叩きの徒で、いわゆる河原者、坂の者、散所の者と云われた非人法師である。

室町時代には、所々に声聞師と呼ばれる部落があって、千秋万歳を舞ったり、警固雑役に従事したりしていた。中について奈良の興福寺に属する者は、余程有名であった。彼らは清水坂の非人法師が、祇園感神院に属して犬神人となったように、奈良坂の非人法師が、付近の興福寺に属したのであろう。興福寺は大和一国の領主とまで云われたくらいの勢力ある大寺であったから、その所属の声聞師もことに勢力を有し、五ヶ所十座の唱門などと呼ばれて、奈良市中にいくつもの部落に分れて住んでいたのである。その職務は無論警察事務が主で、いわゆる七道の者等、他の非人取締りをなし、また土工その他雑役にも従事した。この部落のものが、徳川時代には、いわゆるシュクの徒ともなり、或いは陰陽師と呼ばれて、占《うらない》をする部落ともなり、或いは芝居者などになっている。つまりは同一の流れのものが、地方により、時代によって、その名称を異にし、多少職業の上にも区別を生じたにほかならぬ。しかるに後世彼らがもはや法師姿を為さなくなり、もと下司法師たる声聞師であることを忘れて、そのショーモンという名称から、平将門すなわちショウモンの子孫であるとか、平将門の部下の落武者の子孫であるとか云う説を主張するものも起った。山陰道筋のハチヤの如きも、やはり声聞師の一種であったとみえて、将門の落武者が空也上人に救われて、警固の任に当ったものだとの伝説を持っている。

要するに「下《さが》り者」と呼ばれた流れの人々は、その職業も、その名称も、地方により、時代によって種々に分れ、また種々に変ってはいたが、もとは同じ日本民族中の落伍者であった。その落伍者が国司の誅求から逃れんが為に、或いは生活の便を得んが為に、肉食妻帯をも辞せぬ俗法師となったので、濫僧と呼ばれ、声聞師と呼ばれ、或いは非人法師、餌取法師などと呼ばれても、つまるところはいわゆる「下司法師原」である。これらの徒が活きんが為に各種の賤業に従事したので、中世以後の賤業者は、多くは法師姿をなし、或いは世間から、目するに法師を以てせられた。これが為に、「法師」と云えばただちに賤者だとの事が連想される程になった。されば親鸞聖人の「正像末和讃」にも、「僧ぞ法師の其の御名は、尊きことと聞きしかど、提婆五邪《だいばごじゃ》の法に似て、賤しきものに名づけたり」とも、「末法悪世の悲しみは、南都北嶺の仏法者の、輿かく僧たちの力者法師、高位をもてなす名としたり」とも、或いは「仏法侮づるしるしには、比丘、比丘尼を奴婢として、法師、僧徒の尊さも、僕従ものの名としたり」とも述べている。しかし実は法師そのものが賤しいのではなく、賤しまるべきものが多く法師となった為である。そしてこれら下司法師の長たるものが、すなわち長吏法師で、部下のものが小法師であることは前に述べた通りで、その長吏法師と云う名称は、後世にもチョウリ、またはチョウリンボウとして遺ったのである。また小法師という名称は、後には多く忘れられたが、ただ江戸の筆屋に小法師を屋号とするものが多くあったのと、今一つ京都において、明治に至る迄も御所のお庭のお掃除役に、その名が遺っていたのとがある。御所のお庭のお掃除は、もと京の天部《あまべ》と呼ばれた部落から出て勤めたもので、それを古くから小法師と呼ぶ例であったが、これが中頃失策があって、一時は大和や丹波から出ておった。後にはこれも京都蓮台野から出て、相変らず小法師と呼ばれ、年七石の御扶持米を頂戴しておった。これが為にその子孫は、明治三十幾年かにその由緒を申し立てて、士族に編入されているものもある。これらは昔の長吏法師の下にあった小法師の名称が、彼らの本来法師であったことを忘れた後までも、たまたま保存されたものである。

かく法師という名称がもっぱら賤者に呼ばれるようになったが為に、法師という語は、相手を軽侮するような場合に用いられることとなった。今も大和吉野の山間十津川郷では、人を罵るに、「何だこの法師が」などというそうである。かく法師という語が一種の賤称となった為に、自然に忌避せられるようになり、戦国時代の頃から、「法師」に代うるに「坊主」という語を以てすることが流行り出した。「坊主」という語は、鎌倉時代から既に物に見えて、一坊の主の称である。されば蓮如上人の御文《おふみ》などにも、「坊主」という語はたくさん見えて、決して軽侮の語ではない。法師と呼ばれては嫌がるが、坊主と云われれば喜ぶというのが、当時の有様であった。したがって坊主という語が段々濫用される事になり、今川氏真の如きは、永禄四年にわざわざ令を発して、「諸末寺の塔主看院等、本寺に断らずして坊主と号し、恣《ほしいまま》に居住するを得ず」と云って、その名称の濫用を禁止した程であった。しかし世の趨勢は致し方がない。「坊主」の美称は次第に下級法師に向かって濫用されて、ついには卑しい者を一般に坊主と呼ぶことにまでなった。かくてついには「坊主」がかえって軽侮の称呼となる。法師ならぬものに向かっても、相手を賤しむ場合にはこれを坊主という。乞食坊主、売僧《まいす》坊主、オゲ坊主、チャンチャン坊主、糞坊主、スッタラ坊主、ハッチ坊主、横着坊主、毛坊主、カッタイ坊主などこれである。或いはこれを略して単に、「坊」と云い、シワン坊、ケチン坊、皮坊、ツン坊、長吏ン坊、ハチン坊、トチメン坊、酔タン坊、黒ン坊、泣ン坊、弱ン坊などから、遂には泥坊、立ン坊、べら坊にまで、好んで「坊」という語をつけるようになった。言うまでもなく、下級法師を蔑視したことの名残である。或いは化物に高入道、大入道、三ツ目小僧などいい、盗賊に鼠小僧、稲葉小僧などの名があり、丁稚《でっち》を小僧と云い、婦人を罵ってこの尼などというも、みな同じことで、淫売婦にも、和尚とか、比丘尼とか云うものまでが出来て来た。つまり濫僧たる下司法師が、あらゆる賤者のもととなったが為にほかならぬ。しかもその濫僧たるや、多くは同情すべき社会の落伍者の末であった。

19　近世におけるいわゆるエタの沿革

上述の如く、濫僧すなわち下司法師の流れの末が、大宝令規定以外の種々の賤民、すなわち「下《さが》り者」として、中世以降に多く現れて来たが、中にももと同じ流れの者ながら、その従事する職業に依って、世間のこれに対する感じがだんだん違って来る。かくて長く同じ職を続けているうちには、甲と乙との距りがますます遠くなり、世間からはまるで別の筋のものの如くに考えられるようになる。ただに世間からばかりでなく、もと同じ流れのものでも、自らその由来を忘れて、他の職業のものを疎外排斥するようになる。かの猿楽法師すなわち能役者の如きは、もとはシュクの者の一種で、興福寺では七道の者として、唱門師進退の下に置かれたものであった。されば座頭の仲間からは、後の時代までもなお、

「舞々猿楽の如き賤しき筋目のもの」として、同席をまで忌避されたものであったが、しかもその中で金剛、金春、宝生、観世のいわゆる四座の猿楽の如きは、室町時代から既に将軍の前でその技を演じ、後には武家お抱えとなって、猿楽は武家の式楽とまで呼ばれ、猿楽師の身分は高取として、士分の扱いにまでなったのであった。その他比較的後までも、河原者とか、河原乞食とか呼ばれて、賤視された人形遣い、すなわち道薫坊《どうくんぼう》の徒の如きは、つとに日向掾などの受領を得て、今で云えば地方庁の高等官の資格を獲得していたものがあり、また歌舞伎役者の如きも、今では立派な芸術家として、何人もこれを嫌がるものがない程になっている。その他の非人と呼ばれたものの中にも、段々足を洗って、或いは社会から消えてしまい、或いはそのままに世間の疎外を免れたものが甚だ多いのである。換言すれば、これらの社会にも常に新陳代謝が行われて、一旦エタ、非人と呼ばるる境遇に堕落したものも、いわゆる足を洗うてその社会から脱離するものもあれば、新たにその社会に落ち込んで来るものもあるのである。しかるにひとり死牛馬を屠り、皮革を製するを業として、皮太、皮屋、皮坊などと呼ばれた輩のみは、穢れのことに多いものとして、江戸時代には文字にも「穢多」という忌わしき名を専有せしめられ、容易に足を洗うことが許されず、特別に疎外される事になってしまったのであった。

元来エタもやはり非人の一種として、国家の公民ではなく、したがって国法の外に立ち、長吏の自治に任じたものであった。関東では弾左衛門がエタ頭で、他の非人等もその支配を受けていた。上方ではやや様子が違って、下村庄助という者がこれを支配し、百九石余の高を給せられて、身分は侍であったが、宝永年間に庄助が死して後は、各部落はやはり部落の年寄の自治に任ずることになっていた。さればエタ、非人の犯罪者に対しては、国家は直接に国法に依ってこれを処分することなく、「エタなるが故に」、「非人なるが故に」との理由の下に、その長吏に引き渡して、これが処分に一任する例になっていた。しかし徳川幕府の施政も次第に整頓し、国家の秩序も立って来る。一方いわゆるエタ、非人の身分も極って、足洗いも容易でなく、その人口は段々殖えるばかりとなって来ては、もはやこれを彼らの長吏にのみ委《まか》しておくことが出来ない。幕府では段々これが取締りの方法を定めることとなり、各藩もそれを標準として、各自取締法を定めることとなった。それがいつの頃から着手されたかはハッキリせぬが、既に元禄頃の諸藩の布令書などには、エタ取締りの事が往々見えている。元禄十二年の徳島藩の布令書に、町人百姓の風俗を戒めて、その終わりに、「穢多は百姓に準じて尚軽くすべし」と書いてあるが如きこれである。これはその当時のエタが、通例村方からの扶持を得るほかに、皮革業を独占して、自然生活が豊かであり、ことに身分が賤しい為の自己慰安として、自然贅沢な暮しをする風俗のあったのを戒めたもので、まだその頃までは、大体において、百姓とエタとの間には、そう甚だしい風俗上の区別はなかったようである。

幕府で明らかにエタ、非人の調査をなさしめたのは、享保の頃であった。この頃しきりに各地のエタや非人の頭に命じて、その由緒書を提出させている。けだしこれに依って、彼らの取締りの途を講ずる参考としたのであろう。もとはエタと百姓とが通婚するとか、エタが百姓や武家に奉公するとかいう事は、甚だしく問題にもならなかったようであるが、それは厳重に禁ぜられることとなった。取締りは年とともに次第に厳重になった。ことに安永七年に至って、非常に厳重なる取締法が発布せられて、エタ、非人と百姓、町人との間に、判然たる区別を立てた。エタ、非人は、一見して百姓、町人との差別が出来るようにと、その風俗に制限を加えた。従来にもたびたび差別の命令があるにはあったが、とかくエタが風俗をごまかして百姓、町人の中に紛れ込んだり、身分を隠して通婚したり、奉公したり、娼妓になったりして、為にその穢れを社会に及ぼすおそれがあるという為であろう。これに基づいて定められた諸藩の取締りは、藩によってそれぞれ寛厳の差はあったが、要するにエタを普通民から差別せしめるにあった。そして社会の階級意識がますます盛んになるとともに、それが年を逐うていよいよ厳重になり、文化五年の伊予の大洲藩の触書の如くんば、七歳以上のエタは男女にかかわらず、必ず胸に五寸四方の毛皮の徽章を目立つように付けよ、居宅にはその屠者たることを示す為に、必ず毛皮を下げて置けよ、下駄をはいてはならぬ、傘をさしてはならぬ、木綿合羽はもちろん、桐油合羽をも着てはならぬ、髪の結び方をも区別せよ、芝居などの如き人だかりの場所には、雨覆のない所に平人とは別におれ、笠も不相当な物を用いるなどと、実に滑稽といえば滑稽、残酷といえば残酷なものであった。されば彼らが百姓、町人の家に入る事の出来なかったのはもちろん、これを座敷に上げたならば、その者までが罰せられるという程の厳重なものであった。しかしかく風俗上に厳重な区別を立てても、夜間にはそれが判明せぬが為にか、多くの地方では、エタは日出前日没後には、外出を禁じられていた。夜間やむをえず外出する場合には、何村のエタ某とか、仲間某とか明記した提灯を持たなければならぬという規定の所もあった。かくの如くにして、平素武家から極端なる軽侮圧迫を受け、それに屈従しなければならなかった百姓、町人等は、さらに一層下級のエタ非人を有することによって、僅かに優越感の満足を与えられていたのであった。

また一方にはエタ仲間の掟においても、彼らが結束を固くし、自己の勢力を維持する必要上からでもあったろうが、いわゆる弾左衛門の掟なるものには、非人は足を洗う事の道があるが、エタは永久にエタとして、素人になることを許さなかったものであった。しかしこれも地方によることで、遠州地方には、「打上げ」と称して、三代の間皮剝ぎの渡世を廃したものは、足洗いが出来る習慣もあり、決して全国的のものではなかったが、ともかく弾左衛門の法は、幕府取締りの標準となったが為に、大体においてエタは永久にエタとして鎖ざされ、遂に解放さるるの機会を得ずして、明治四年にまで及んだものであった。

いわゆるエタが同じ流れの多くの下り者の徒の中で、彼らが屠者であり、特別に賤しまれ、忌避せられ、はては甚だしく圧迫せらるるに至ったのは、彼らが屠者であり、皮革業者であったが為に、触穢禁忌の思想からこれに近づくことを忌まれた結果である事は、今さら繰り返し述べるまでもない。もちろん彼らは同一日本民族の、同情すべき落伍者の末である。しかるに世間にはその沿革を忘れ、彼ら自身またその由来を解せずして、これを異民族なりとし、朝鮮人の子孫だなどと説くものが古来多い。古いところでは神功皇后三韓征伐の際の捕虜の後だとか、近いところでは秀吉の朝鮮征伐の際の捕虜の後ではないかなどと考えているものが、今もなお少からず存在している。のみならず彼ら自身またその説に誤られて、朝鮮との関係を云為するものがないではなかった。慶応四年に長州征伐の功によって、弾左衛門がエタの肩書きを除かれた例にならって、大阪の渡辺村から指し出した嘆願書には、自分らの祖先は神功皇后征韓の際に従軍した兵士であって、久しくかの地に滞在するうちに、かの地の肉食の風に習い、帰朝の後もその風習をつづけたが為に、神国清浄の国風に違《たが》うところから、エタとされたものだと云っている。ともかく肉食が差別の主なる原因をなしていたのであるから、これを説明せんが為には、ただちに朝鮮関係を連想するのが普通であったのだ。何となれば、わが国では久しく肉食の風習を失い、これを以て甚だしく穢れたものだと考えた時代において、世人の知識に上るほとんど唯一の肉食人は、朝鮮人のみであったからである。これが為に世人が極めて簡単にこれを朝鮮人の子孫だと解し、彼ら自身また朝鮮関係を以てこれを説明せんとしたに無理はない。しかしながら、これはもちろん甚だしい誤解である。我が古代において、それが帰化人である、外国人であるという の故を以て、これを差別したという事実はない。既に桓武天皇の御生母は百済氏の出であり、神功皇后の御母方も新羅の天日槍《あまのひほこ》の後裔だと言われている通りで、そのほかにも支那、朝鮮から帰化した者は甚だ多く、それのみで一郡、一村を為しているのも少くないが、社交上決してそれを区別したという事実はない。人或いはいわゆるエタの言葉遣いや発音が、多少近隣部落の人々と違っていたというの事実を以て、その異民族たることを言わんとするものがないではない。しかしこれは多年交際する社会が違っていたが為に、自然に特別の言葉の訛りが発達したにほかならぬ。言葉はいわゆる「国の手形」で、地方地方によって訛りが違うと同一の現象である。

かくの如くいわゆるエタが、他の多くの「下り者」と同じく、民族上少しも差別なきものであるにかかわらず、特に社会からこれを忌避した所以のものは、もちろん触穢禁忌の思想の結果であるには相違ないが、実はその以外に、さらに大なる原因があったのである。

元来エタは文字にも「穢れ多し」と書かれた程で、早くから一部の人々、特に或る宗派の仏教家から、甚だしく忌避されていたとしても、一般人からは必ずしもそう交際を拒否されてはいなかったのであった。現に戦国時代には、前記の如く三好長治の如き大大名も、エタの子を小姓として寵愛し、侍がエタの女を嫁に取ったという実例もある。ことに村落都邑には、優待条件を以て彼らを招聘し、警固の任に当らせたものであった。奥羽の如くその地が僻陬《へきすう》であり、住民素樸にして、村方警固の必要も少く、各自相扶《たす》けて葬儀その他の業をも執り行ったような地方には、特にエタを置くの必要がなく、したがってその部落の分布も少いけれども、早く開けて人気が柔弱であり、盗賊その他警戒を要することの多かった地方には、村落、都邑の警固にも、またその雑役にも、かかる専門家配置の必要があったのである。そこで彼らは歓迎され、優待条件を以て請待されたのであった。またその執る皮革業の如きは、社会にとって必要の職であり、彼らにとって有利な業であったから、彼らは一方では穢れたもの、賤しいものとして、忌避されていたとしても、為に世間から甚だしい圧迫を受けた筈はなかるべきである。現に元禄頃までは、少くも阿波藩の掟では、その風態も百姓に準じたるものとして、そう変った風俗を強いられた事はなかったのである。彼らはその身分は賤しくとも、非人の長として、有利な業を独占し、村落、都邑にとっては必要な警察吏であり、むしろ生活においては恵まれたものであった筈である。

しかるにそれが段々と圧迫を加えられ、ことに安永七年に至って、甚だしく差別を励行せられる事になったのは、彼らの人口が世間に比して甚だしく増加した結果にほかならぬ。

徳川時代約三百年を通じて、我が国の人口はあまり増加しなかった。明治維新後急激に繁殖して、明治三年末に約三千三百万と云われたものが、今では内地人口約六千万にもなり、五十七、八年間に八割強を増した程の増加率を有する我が日本民族も、徳川時代にはほとんど増加しなかったのであった。これは一に一般民衆の生活が困難であり、堕胎、間引き等による人口調節が盛んに行われた為にほかならぬ。これは幕府が鎖国主義を採って、日本国内で自給自足の政策を実行したのと、一つは万事が現状維持で、新規の発展を厳禁したとの結果である。徳川時代の人口統計は案外正確なものであったが、その古いところで享保頃から、新しいところでは安政頃までの調査を見ると、公家、武家及びその使用人を除いて、一般庶民に属するものが、大概二千五百万台より、六百万台の間を上下している。さればその以外の公家、武家の数を約四十万戸とし、一戸平均五人として約二百万人、その使用人一戸平均二人半として約百万人、合して大約二千八、九百万人、まず三千万人以内とみて大差のない数であった。それが幕末に近づいて段々と殖えて来たのは、一つは堕胎、間引きが人道に背くという思想から、これを禁ずるようになったのと、一つは産業の発達の結果、生産額の増加した為とで、ついに明治三年末になって、三千三百万という数になったのであった。そしてその後急激なる増加をなして、今日の約六千万を数うるに至ったのである。

しかるに一方では、いわゆるエタの数はその間にも非常に増加した。この趨勢は維新後においても同様で、明治四年エタ、非人の名称を廃した当時の数を見ると、エタの数が二十八万三百十一人、非人の数が二万三千四百八十人、皮作雑種七万九千九十五人、合計三十八万二千八百八十六人とある。この中には後にほとんど解放されたものが多く、いわゆる特殊部落として、依然差別観念の残っているものは、主としてエタと云われた人々の流れに属するのであるが、仮りにそれが明治四年の当時三十万人であったとして、一般人口の増加率によって約八割の増殖とすれば、現今約五十万人位となってしかるべき筈である。しかるに事実は甚だしくこれと相違して、現今少くも百二、三十万の多きに達していると計算される。すなわち一般世間の人々が約八割を増せる間に、彼らは四倍以上の数に達しているのである。かくの如く維新以後普通民の増加が甚だしくなった時代においても、彼らは普通民に比してさらに甚だしい増殖率を示しているのであるが、これが既に徳川時代において、立派に存在した現象であった。普通民が一向増加しない間にも、彼らのみは甚だしく増加した。これはその部落の沿革を調査すれば明らかなことで、もと二戸ないし三戸であったと云うものが、後世には大抵数十戸に増加しているのである。中にも正徳の頃百八十八戸であった京都の六条村の如き、明治四十年には千百六十九戸となり、今では約二千戸に達したとも云われているのである。すなわちいわゆる特殊部落なるものは、もとは村落都邑に属する少数の請願警吏の駐在所の延長で、その人口増加の結果として、遂に部落をなすに至ったのが多いのである。

しからば何故に彼らのみ、特に増加率が多かったのであろうか。これには特殊の事情もあるが、大体この社会の人々は生活が簡単にして、自然病気に対する抵抗力が強く、婦人の生産数も多いという以外、彼らはもと警固の報酬として、一定の扶持に生活したが上に、死牛馬処理の有利事業を独占し、その他にも特権が多く、生活に余裕があったが為と、一つには彼らが一向宗門徒であって、その宗旨の教えとの為に、自然堕胎、間引きの風習がなかった故であった。されば同じくエタ、非人と疎外された中にも、非人の方が段々減少したが、長吏たるエタの方のみ特に著しく増加したのである。

しかしながら、普通民が少しも殖えぬ間に、彼らの人口のみが甚だしく殖えたとしたならば、その結果はいかなるであろう。村に一戸、二戸あってこそ、彼らは警察吏として、また雑役夫として、歓迎もされたであろう、村にとって必要なものとして、相当の扶持に生活しえたであろう。その縄張内に生じた死牛馬の役得のみにても、少からざる収入となったであろう。しかるにその人口が甚だしく増加し、一方その需要が一向増さぬとあっては、たちまち失業者を生ぜねばならぬ。従来一人にて多くの戸数を分担し、いわゆる「持ち」と称してこれに出入りしておったものも、遂にはこれを数人で分たねばならなくなる。収入は著しく減少する。かくてその多数は警固の事務から離れて、番太という特別の警固の者が出来ては、彼らは全く雑役労働によってのみ生きなければならぬことになる。しかるに不幸にして彼らは、触穢禁忌の思想によって、自由にその欲する職を択ぶ事が出来ぬ。やむをえず狭少なる範囲の職業に従事して生きねばならぬ。仲間内には競争が起る。従来はむしろ祝儀をまでもつけて引き取ってやった程の死牛馬も、今は競争して買収せねばならぬ事ともなる。生活はますます苦しくなる。次第に身を卑下していわゆる檀那方の好感を博し、少しでも多くの物質的利益を得るの道を講ぜねばならぬ。従来は権利として集めてまわった村方の扶持米も、今はただ永年間の習慣によって、いわゆる旦那の同情に待つようになる。かくては乞食待遇せられてもやむをえなかった。もちろん住居の地には限りがあって、自由に拡がる事も、分散する事も出来ぬ。その限られたる部落内に、限りなく増加する人口を収容せねばならなかった彼らは、次第に密集部落となり、細民部落となり、世間の進歩とは反比例して、ますます普通民との距離が遠くなる。もとは村方に必要であったものも、今では厄介な寄生物となる。世間の忌避と軽侮との度はますます甚だしくなる。それでもなお満足に生きて行く事が容易でないのみならず、彼らとても同一の人間でありながら、一方世間の差別待遇に甚だしく不満を感ずるの結果、その身分を隠し、仮面を被って世間に紛れ出る。或いは武家や百姓、町人の家に奉公し、或いは遊女となり、出稼人、行商人となる。しかし普通民の側からこれを見れば、穢れたものとして誤信された彼らに紛れ込まれては迷惑である。そこで風俗上一目見て区別が出来るようにという、取締法の必要も起って来る。かくの如くして、彼らはますます圧迫せられ、ますます去勢せられ、武家に対してはもとより、百姓、町人に対しても、一切頭が上がらぬ下賤のドン底に落ち込んで、同じ人間でありながら、人間として待遇されない、気の毒なものになってしまったのであった。

20 結語

人類の生活に必要なるあらゆる物資が、日光の如く、空気の如く、何らの考慮と勢力とを用いず、すべての人類に、無限にかつ公平に供給せられざる以上、またその人類の有する智能と体質とに、生れながらにして賢愚強弱の差が到底避け難いものである以上、さらにまたいわゆる機会なるものが、すべての人類に必ずしも常に同一に恵まれざる以上、いかなる原始の時代と云えども、彼らの社会において、すべてが同一の境遇にいることはありえない。智能勝れ、強健にしてよく勤労に堪えうるものが、自然その社会に勢力を占有して、幸福な生活を遂げ、暗愚にして、羸弱懶惰《るいじゃくらんだ》なものが、その反対に社会の落伍者となるということは、おそらく人類始まって以来の自然の法則であらねばならぬ。のみならず一方には、人類には不可抗力の運命というものが伴って、一層その関係を複雑ならしめるものがある。もちろんこれらの不公平なる現象に対しては、人力を以て幾分これを緩和しうる場合があるとしても、その場合恩恵に浴するものは、自然その恩恵を与うるものに対して卑下せねばならぬこととなる。人類の間に上下の階級を生じ、従属関係の起ることは、少くも歴史を遡りうる限りにおいて、必ず存在した現象であった。

一方人類には、禽獣とは違って、子孫は父祖の延長であるとの思想が濃厚である。したがって特別の事情なき限り、子孫は父祖の地位を継承するを常とする。ここにおいて境遇が自然に世襲的となる。我が上古に氏族制の行われた如きは、ことにその著しいものであった。すでに社会に上下の階級があり、それが世襲させられるとすれば、よしや貴族、賤民というような判然たる名称はなかったとしても、それに相当するものが必ず太古から存在したに相違ない。

しかしながら、社会は常住不変のものではない。常に新陳代謝して、新しいものと代って行く。これを社会上の事実に見るに、昔時の貴族、富豪が、どれだけ今日にその尊貴と富有とをつづけているであろう。これを今の武家華族の家についてみても、徳川時代の諸大名は大抵戦国時代に新たに起ったもので、鎌倉幕府以来の大名の子孫が、そのまま継続しているものは僅かに指を屈するばかりしかない。彼らの中には薬屋だとか、桶屋だとか、野武士だとか、水呑百姓だとか云われた卑賤の身分から起って、混乱時代の風雲に際会し、天下の政権を壟断するの地位を獲得したものも少くなかった。かの太閤秀吉の如き大人物は、実にそのもっともなるもので、その素性を尋ねたならば、実はどういう人の子だかよくは分らないのであった。応仁、文明頃の奈良の大乗院尋尊僧正の述懐に、「近日は土民、侍の階級を見ざるの時なり。非人三党の輩といへども守護国司の望をなすべく、左右する能はざるものなり」とも、また「近日は由緒ある種姓は凡下に下され、国民は立身せしむ。自国他国皆斯くの如し」とも云っている。そしてその応仁、文明の頃から、世間は混乱を重ねて、遂に戦国時代となり、実際胆力の大きい、力量の勝れたものが成功して、下賤のものも立派な身分となる。かかる際において、エタも非人もあったものではない。現に非人と呼ばれたもので一方の旗頭となり、一城の主となっていたものもある。したがって従来賤民階級に置かれたものも、この際多く解放せられたのであった。

しかしながらこれはいわゆる成功者の方面に対する観察であって、その反面には失敗して新たに落伍者となったのも、また必ず多かるべきことはもちろんである。「切取、強盗は武士の習い」とか、「分捕功名、鎗先の功名」とか、体裁のよい遁辞の前に、いわゆる大功は細瑾を顧みずで、多くの罪悪が社会に是認され、為にその犠牲となったものが、到る処に発生した。かくてともかくも徳川時代三百年の太平は実現し、落伍者の子孫は永くその祖先の落伍を世襲させられたのであった。

もちろん徳川時代においても、相変らず社会の落伍者は発生する。そして多くは非人の仲間に収容される。京都では悲田院の長屋に収容して、やはり警察事務や、雑役、遊芸等に従事させた。当初はそれをもエタと呼んだ例はあるが、後には明らかにエタと区別されている。

明治、大正の時代になっても、相変らず落伍者は出て来るが、彼らはもはや非人の名称を以ては呼ばれない。大正十二年の関東大震火災の際に生じた多数の罹災者の如き、もしこれが旧幕時代に起ったのであったならば、いわゆるお救い小屋に収容せられて、非人となったものも少からぬことであったに相違ないが、今日そんなことを考えるものは少しもない。昔ならば河原者、坂の者、散所の者となるべき運命の下に置かれたものも、今日では木賃宿へ仮住まいして、自由労働者と呼ばれている。乞胸《ごうむね》と呼ばれた大道芸人の仲間も、今では立派な街上芸術家である。昔ならば家人《けにん》、奴婢《ぬひ》と呼ばれて、賤民階級に置かれた使用人の如きも、今ではサラリーマンと名までが変って来た。今日ではいわゆる賤民は過去の歴史的一現象となってしまったかの観があるのである。

しかしながら、これあるがために、事実上賤者階級のものが、果して社会に跡を絶った訳ではない。生存競争は相変らず激烈であり、自然淘汰、適者生存の原則はどこまでも行われている。過去におけるが如き賤民の名こそなけれ、名をかえ、形をかえて、相変らず社会の落伍者は存在し、引続き発生しつつあるのである。目のあたり見る今日のこの現象を以て、これを過去に引き当てて考えてみたならば、思い半ばに過ぐるものがけだし少からぬことであろう。今はただ過去における落伍者の動きの大要をかいつまんで略叙するに止め、その詳細なる発表は、さらに他日の機会を待つことにする。

牛捨場馬捨場

今もなお諸所に小字《こあざ》を牛捨場または馬捨場と称する所がある。また小字という程でなくても、俗にそう呼んでいる場所が各地に多く、現に昔は死牛馬をここへ捨てたものだなど伝称せられているところも少くない。これは一体どうしたものか。

我が国は農業国である。したがって耕作を助けしめるべく牛馬を飼育する事が多い。また運搬用、騎乗用、あるいは挽車用としての牛馬の飼養も古来かなり多かった事であるに相違ない。これらの老いて役に堪えなくなったもの、また斃死したものの始末をどうしたであろうか。

言うまでもなく我が国においても太古は牛馬の肉を食用としたものであった。神武天皇御東征の時に、大和の土人弟猾《おとうかし》は牛酒を以て皇軍を饗《もてな》したと「日本書紀」にある。牛肉を肴として酒を飲んだものであろう。また「古語拾遺」には大地主神が、牛肉を以て田人に喰わしめたが為に、大年神の怒りにあったともある。怒りにあったとしても古代国民が牛肉を喰らったことのあったには疑いない。その後天武天皇の御代に至って、詔して牛馬犬猿鶏の肉を喰うを禁ぜしめられた。これは必ずしも肉食の禁というではなく、人間に飼せられて人間の用を弁ずるもの、または特に人類に最も近似したるものを屠殺して食用に供することは人情として忍び難いという点にその動機があったに相違ない。さればその以前にこれらの物が食用に供せられたことは疑いを容れないのである。これより後にも豚の飼育は行われた。無論食用の目的であるには相違ないが、これは食用以外に人間の用を為さぬものであるから、右の制令にも漏れたものであった。右の禁令あって後にも、なお牛を殺して漢神を祭るの習慣は各地にあって、平安朝になってもさらにその禁を重ねられた事であった。その牛は無論犠牲として神に供し、後にこれを食したものであるに相違ない。しかし仏法の普及とともに牛馬を殺すことは罪業のことに深いものとして教えられた。「霊異記」には牛を殺して漢神を祭ったが為に恐ろしい現報を受けた話もある。こんな宣伝がだんだんと国民間に普及せらるるに及んで、普通民はもはや牛馬を喰わなくなった。「古語拾遺」の田人牛肉を喰った祟りの話も、けだし普通民が牛馬も喰わなくなった後の産物かもしれぬ。

殺生肉食嫌忌の宣伝から起った食肉禁忌の思想がだんだんとこうじて来て、従来もっぱら食肉用の獣と見なされて、その名称を俗にシシ（「宍」にて肉の義）とまで呼ばるるに至った程の猪《い》や鹿《しか》の肉を喰った者でも、数十日ないし百日間神社参詣を遠慮せねばならぬというが如き、いわゆる諸社禁忌のやかましく叫ばれるようになっては一般民は牛馬の肉を喰うものを甚だしく賤しむに至った。この際においてただ屠者すなわち餌取《えとり》の輩のみは、その殺生を常習とする事から、相変らず旧来の習慣を墨守して、これを喰うことを避けなかったが為に、自然と一般民から疎外せらるるに至ったのは実際やむをえなかった。はては自身屠者ならずとも、一般に牛馬を食するものはこれを賤称して餌取と呼ぶことにまでなって来た。「今昔物語」に見ゆる北山及び鎮西の二つの餌取法師の話の如きも、畢竟牛馬の肉を食する俗法師を呼んだものである。そのエトリが訛ってエタとなった。かくてその思想がだんだんとこうじて来て、鎌倉時代には一般の肉食殺生の常習者をも時にエタとも非人とも呼ぶことになった。漁家の出たる日蓮聖人が自ら「旃陀羅」すなわち屠者の子なりとも、また「畜生の身なり」とも言われたのはこれが為である。

かくの如き時代において、もはや人間の用をなさぬ老牛馬の処分の事は、一般民にとってかなり厄介なものであったに相違ない。ここにおいてか牛捨場馬捨場なるものが生じたのだ。家に飼養する牛馬が斃死した場合において、自らこれを処理するの法を知らず、またこれを処理すれば「穢れ」がその身に及んで神に近づく事が出来ぬというような迷信のあった時代において、これをある特定の場所に委棄するという事はやむをえなかったに相違ない、ただに斃牛馬のみならず、もはや使役に堪えなくなった老牛馬を飼養して、いたずらにその斃死を待つという事も、自己の生活にすらしばしば脅かされた一般民にとってはかなり迷惑な事であったに相違ない。ここにおいてかいわゆる牛捨場馬捨場には、しばしば老牛馬をも委棄したものであったと思われる。自ら家に飼養した老鶏を屠殺するに忍びず、さりとてこれをそのまま飼養してその老いて斃るるに至るを待つの煩多きを避けんとして、これを神社の境内に放飼し、参詣者の賽米によって生活しつつおもむろに死を待たしめるという習慣は、昔は各地にこれを見たものだ。恢復の見込みのない病奴婢を路傍へ捨つるというような無慈悲の所行までが、しばしば行われたような昔の時代において、老牛馬を捨てるくらいの事はその当時の人々にとってそう不思議でなかったに相違ない。

　しかしながらまた一方においては、牛馬の皮革の需要はかなり多かった。その肉もまた無論口腹の慾を充たすに足るものである。捨てられた老牛馬や斃牛馬の皮革を利用することなく、またその肉を食用に供することなしに、いたずらに腐敗に委することは実際社会的にも不利益な次第である。ここにおいてか社会の落伍者たるいわゆる屠者の輩は、いわゆる牛馬捨場を尋ねてこれが利用の途を講ずることを忘れなかった。彼らは捨てられた老牛馬を屠殺してその皮を剝ぎ、肉を喰らい、また捨てられた斃牛馬についても同様の事を行った。そしてさらにその取り残された牛馬の肉をあさって、それを喰って生きたという憐むべき落伍者も少くはなかった。前記「今昔物語」に見ゆる二つの餌取法師と呼ばれた非人法師の如きは、正にその憐むべき落伍者の徒であったのである。

非人法師とは平安期における地方官の虐政に堪えかねた公民等が、自ら身を沙門に扮して出家逃亡するに至った浮浪民の群である。延喜の時代において三善清行は、公民が課役を避けて逃亡し、為に課丁の甚だしく減少した事を極言している。彼は当時の天下の民三分の二までは禿首の徒であると云っている。彼らは家に妻子を蓄え、口に腥膻《なまぐさ》を啖《くら》い、私《ひそか》に髪を剃り猥《みだ》りに法服をつけて、形は沙門に似て、心は屠児すなわちエトリの如きものであると云っている。これいわゆる濫僧《ろうそう》なるもので、その屠児に似たという事から、「延喜式」ではこれを濫僧屠者と並称しているのであるが、鎌倉時代にはその濫僧をも通例ただちに屠者すなわちエタと呼んだとの事が、弘安頃の著と認められる「塵袋」に見えている。しかしこの称呼は実は鎌倉時代になって始まったのではなく、実は平安朝時代からの事であった。「今昔物語」の餌取法師は正にこれである。

非人法師等は多く村落都邑の場末に流れついて小屋住まいをなし、為に河原の者、坂の者、散所の者などと呼ばれた。そしてその集落にはいわゆる長吏法師なるものがあって、これを統率していたものであった。これすなわち既に「霊異記」に見ゆる浮浪人の長に当るもので、その勢力の往々盛んなるものの少からなんだ事は、寛元年間における清水坂及び奈良坂の坂の者たる非人法師等の闘争に関して、長吏法師の提出した訴状を見てもその一斑が窺われる（「民族と歴史」四巻三、四号を見よ）。そしていわゆる牛馬捨場に捨てられた牛や馬を拾得して、これを処理するの利益多き特権は、おのずからこの長吏法師等の壟断するところとなった。後世にいわゆるエタをチョウリ（長吏）もしくはチョウリンボウ（長吏坊すなわち長吏法師）と呼ぶ地方の少からぬのはこれが為であるに相違ない（もちろん長吏のすべてがそれを扱ったのではなかったけれども）。

牛馬捨場の特権は実際彼らにとって利益多きものであった。したがってその権利はしばしば彼らの間に高価に売買せられた。その牛馬捨場に死癈の牛馬を捨つる範囲内において飼養せらるるところの牛馬は、いつかはその権利者の手によって処理せらるべきものであった。すなわちその権利者は、その範囲内の村落に生じた癈牛馬死牛馬の上に処理の権利を有するものであったのだ。したがって彼らはその牛馬が所定の捨場に委棄せらるるを待ってこれを拾得するばかりでなく、しばしば通告を受けてただちにその癈牛馬を生じたる家からこれを引き取り、自己の権利を有する捨場に牽引運搬してこれを処理する場合が多かったらしい。地方によっては江戸時代に至ってもなおその飼主より、祝儀の名目によって相当の手数料を徴し、これを引き取るの習慣を有する所もあった。もちろん地方によっては一定の権利者を認めず、相当の代価を提供して競争してこれを引き取る習慣の所もないではなかった。
江戸時代には老牛馬を屠殺委棄するの無慈悲なる行為を禁じたが為に（奈良奉行の触書にこの禁制見ゆ。他の地方でもそうであったらしい）老牛馬は通例飼養者の飼い殺しとなっていたが、斃死の後は必ず捨場に委棄するか、しからずばエタに通告してその処理に委せねばならなかった。武蔵八王子在の百姓がかつて自らこれを処理したが為に、エタ頭弾左衛門より抗議を提出して、為に面倒な悶着を惹き起した事件もあった。

牛馬捨場の売買はもちろん一切の権利を永久的に授受するものであったであろうが、多くは一定の日限を付して行われたようである。この場合においてはその期限内に生じた死牛馬は、当然その買得者の所得に帰すべきものである。したがってその村落内の病牛馬がその期限内に死没せざるにおいては、権利者にこれを引取るの権利を失うが故に、夜間密かに毒を与えて、その死を早からしめたという弊害も少からなんだようである。中には健康なる牛馬を毒殺して、為に処罰されるというものもないではなかった。

捨場の権利の売買は時としてかなり高価に取引きされた。遠州S村T氏所蔵の文書にこんなのがある。

一、此度申《さる》御年貢差詰り、代々持来り候牛馬引捨の場所比木村勿論朝比奈村上十五日、

此両場所金子十五両二分永代売渡申候。此場所に付場役等無二御座一候。依之村方親類は不レ及レ申、脇より違乱妨申旨御座候はゞ、請人の者罷出、急度埒明可レ申、貴殿に少も御苦労掛申間敷候。為二後日一一札仍て如レ件

天保七申十二月　日

成行村売主　儀　十　郎印

請　人　弥右衛門印

同　政　五　郎印

大久保村買主　儀　左　衛　門殿

右の「上十五日」とは、月の上半に右両村内に生じた死牛馬の権利を云ったものなのである。

抵当権設定の例としては、同氏所蔵文書に左の如きものがある。

場所手形の事

一、此度未の御年貢差詰、私し代々持来候捨場所比木村勿論朝比奈村上十五日、此両場

所為二質物一、申年より巳暮迄、十年切相定申候。拾両也。

一、又金壱両三分借用申処実正に御座候。此場所に付場役等無二御座一候。依て村方諸親類得心の故に御座候処、若違乱妨申者御座候はゞ、連印者罷出急度埒明可レ申候。貴殿少も御苦労欠《かけ》申間敷、依レ之右之金子致二調達一相渡候はゞ、其場所御通。（〇返の誤りか）し可レ被レ候。為二後日之一依て手形如レ件。

文化九年申三月　日

成行村
借主　新九郎印
請人　弥右衛門印
証人　政五郎印
浜野村
同　文七印

大久保村
三左衛門殿

永代証文之事

一、当御年貢差支、右年切質物両場所為二永代一、増金壱両借用申処実正に御座候。依レ之村方諸親類は不レ及レ申、他所よりも違乱申者有レ之候得ば、請人之者罷出急度埒明可レ中、貴殿に少も御苦労掛申間敷候。為二後日一一札仍て如レ件。外に一貫二百文。

文政七申十一月二日

成行村
借主 新九郎印
請人 弥右衛門印
同 政五郎印

相良
三左衛門殿

右のT氏はこの種の文書を蔵すること、文化九年三月から明治四年四月までの分、通じて五十余通に及んでいる。かくしてその家はほとんど近郷の捨場の権利を独占し、代々富有なる生活をしていたのであったが、最後の文書である明治四年の四月に二両三分三朱と銭五貫二百文で或る捨場の権利を売得した後僅かに四ヶ月、同年八月にエタ非人解放令が発布せられたが為に、新たに平民に列せられた代りにこれらの一切の権利はことごとく失われて、一時はかなり困った事であったという。今では麻裏草履の製造仲買で数万の富を有しておられるそうな。

右五十余通の文書の中には、朔日より七日までとか、八日より十五日までとか、中には五日より八日まで、二十日より二十二日までなどと、短かく限ったものも少くなく、二十四日とただ一日だけを限ったものまでも見えている、以てその権利がいかに仲間の中に尊重されたかを知るに足ろう。

右の文書の中に「場役」というのは、その捨場の権利を所有するが為に、いくらかの役銀すなわち運上金を上納する負担あるものの事で、場所によって古来その場役のあるものと無いものとがあり、場役なきものは自然高価に売買されたものだという。

また右捨場の中に化粧場というのがある。慶応三年正月の文書に、牛馬引捨須々木化粧場八日より十一日まで、外に東方場二十四日、西方十一日より十三日、南場六日より十日までを、三両三分で買ったのがある。このほかにも化粧場という事はしばしば文書に見えているが、これは同じ捨場の中でも懸りが少く、利益が多かったものだという。それを化粧という意味はわからぬ。

なお同家文書の中に、「捨牛馬告知手数料申合せ」というのがある。

覚

一、男牛一つ　　はね金一分也
一、女牛一つ　　同　一朱也
一、馬一つ　　同　一朱也

一、化粧男牛一つ　　　　　　　　　　　　　二朱也

右の通り村中堅可ニ相守一者也

文久二年戌八月十八日改

ここに「はね金」とは告知手数料の事で、捨場に委棄されたる死牛馬をいち早く権利者に告知したものに与える手数料の事だという。その化粧場に属するものは手数料半減であったのだ。

なお同家文書の中には、太鼓、旦那場、稲場の売買譲与質入等に関するものがある。「太鼓」とは或る町村内の神社仏寺の太鼓張かえの権利、旦那場とは或る町村内住民の受持ちの権利（俗にモチという、そのモチの家に事件ある時は早速かけつけてこれを処理する責任を有し、その代りに平素相当の扶持を得る慣例のもの）で、稲場とは収穫後田面の落穂を拾う権利であるかと思われる。しかしこれらは問題の牛馬捨場以外のものであるから今は詳説せず、筆のついでに書きとめておくに止める。

これを要するに牛捨場馬捨場とは、牛馬屠殺食肉の禁忌から生ずる当然の産物であった。そしてその権利が或る一部の長吏法師等の占有に帰したが為に、その流れのものはその身に穢れありとして、昔は広くその等類を称し「穢多」という忌まわしい名を、後世この徒のみに独占せしめられた。しかもその特権とする死牛馬の処理は利益のすこぶる多いもの

として、いわゆる捨場の権利は明治四年エタ非人解放当時までも、地方によってはかなり高価に売買されたものであったが、解放とともにその権利は他の多くの特権とともにことごとく奪われた。そして国民としてのすべての義務は負担させられながら、事実上依然として新平民もしくは特殊部落民の名によって旧平民等から差別せられ、社会上における国民としての権利の多くはその行使の自由を奪われているのである。何という不合理な事であろう。今この牛捨場馬捨場の由来沿革を調査叙述するについても、感慨ことに深からざるをえぬ。

放免考

1　賀茂葵祭の放免

本願寺葬儀参列の宝来の事に関連して、前号までに一通り祇園の犬神人《つるめそ》の観察を終った自分は、これに次いでさらに賀茂の葵祭に関連して、「放免《ほうべん》」なるものの由来変遷を観察すべき順序となった。

賀茂の葵祭は前例によって去る五月の十五日を以て厳粛に行われた。その祭儀の行列は例によっていかにも古典的のものであった。その参列者の名称から、その服装に至るまでも、大体として平安鎌倉時代当時の面影を、そのままに髣髴せしむるに足る程のものである。風俗研究会江馬務君の葵祭解説記するところによると、現時の行列には先頭に騎馬の警部が三人、次に素襖の侍《さむらい》が二人、次に看督長代《かどのおさだい》が四人、次に騎馬の検非違使志代《けびいしさかんだい》、これには調度掛、童、放免が各一人、火長代が二人、如木《にょぼく》が四人、白丁が三人従っている。次に騎馬の検非違《けびい》使尉代《しじようだい》が一人、これには舎人がつき、別に前者と同様の従者がしたがっている。次に山城使代から以下一切の行列の事は、本編の研究に必要がないからここにこれが記述を省略して、以下単に検非違使随従の放免の事のみを記述してみたいのである。

言うまでもなく往時の検非違使庁は今の警視庁のようなもので、訟獄の事にもあずかるが、主として非違の警戒罪人の追捕を任としたものである。したがって賀茂祭の如き大祭には、その官人が勅使の行列の先頭に立って、非違警戒の任に当ったものであった。しかるにその先にさらに素襖の侍体《さむらいてい》のものがついているのは、おそらく室町時代において、検非違使の参列がもはや単に形式にのみ流れて、警固の実務に当るに足らなくなったが為に、別に当時の武士をして、二重にこれを護衛せしむるに至ったとの名残と察せられる。しかるにそれもまた後にはついに形式に流れて、警固の実を失ってしまったので、今ではさらにその前において、明治大正式の警部の、三重の護衛を要する事になったのである。いずれはこの警部もまた形式に流れて、さらに別の警固がそれにつく時代がないとも言えぬ。そしていわゆる放免は、その中では早くから形式に流れてしまったものなのである。今江馬君の説明を借りて、まず以て葵祭における放免の性質及び服装を紹介しておく。

鉾持（放免）　放免とは検非違《けびい》使庁《しちやう》の下部《しもべ》にて、元来罪人の放免せられしものを用ひて、盗賊の追捕囚禁などに従事せしめしものなり。此の日放免は立烏帽子を冠り、摺染の狩衣に紅の単衣を重ねて鉾（木の枝）を持ちて行く。特に注意すべきは、胸に造花風流を付して行く。これ徒然草に所謂放免のつけものなり。摺染とは昔は木版の上に裂《きれ》を貼り、山藍の葉をもつて摺りて文様せるものにて、放免には横縞の青き文様などを付したるなり。藁沓を履けるは前に同じ。（以上江馬氏の文）

葵祭に出る放免は検非違使庁の下部として、勅使の警固に立つ検非違使の官人に随行しているものである。当初は無論実用の鉾を持って、もし行列を犯すものでもあればこれを制止し、反抗でもすれば実際にこれを突き殺すくらいの覚悟を持っていたものであったに相違ない。その身分は最下級の警吏であったから、もちろんその服装の如きも簡易卑賤のものであったに相違ない。しかるにそれが既に平安朝も末期に近い大江匡房の頃になっては、彼らは葵祭に列する際には綾羅錦繡を身に纏いて、為に識者の不審を招く程にもなっていた。それがさらに鎌倉時代も末葉の、兼好法師の頃に至っては、その衣服にいろいろの飾り物をつけて、為に左右の袖が重くて自分一人の自由にならず、「人に持たせて、自らは鉾をだに持たず、息づき苦しむ有様、いと見苦し」と「徒然草」に嘲けらるるまでに甚だしくなった。今日ではそれ程ひどくはないけれども、それでもなおいろいろの造り花をつけて、金属の鉾の代りに木の枝を持ち、それがもと下級警吏たる検非違使庁の下部であった事などは、全く忘れられてしまった形になっているのである。

2 放免の名の意義

検非違使の下部を「放免」と称する事については、徳川時代の学者をして、かなりその説明に頭を悩ましめたものであった。「安斎随筆」には、大江匡房の「江談抄」に、彼らが賀茂祭の際綾羅錦繡の服を著用するも、非人なるが故に禁忌を憚らざるなりとある説を引いて、

貞丈云く、非人とは甚だ賤しみたる詞なり。至極の下司にて、人に非ざる者なれば美服を憚らず、「放免」はホシイマ、ニユルスとよむ。祭の月ばかりの事なり。是を推して常の号ともなりしなるべし。

と解している。すなわち賀茂祭の日にのみ限って勝手な真似をしてもよいとの事で、それで放免と云ったのが一般の名称になったというのである。伊勢貞丈の如き卓見家ですら、なおかつこんな不徹底な説明に満足していたのだ。また谷川士清《たにかわことすが》の「倭訓栞」には、

東鑑右大臣家鶴岡拝賀時、供奉行列の中に放免四人と見えたり。検非違使庁の下部をいふといへり。行列は各自に其の分上を専に務むるをもて、列の人数に離れ、順の乱れぬ様にし、或は闘諍を鎮め、或は下部の頓に煩らひある時に、人数に加はりて務むるをもて、行列を放ち免さるゝの義なり。常にいふ走り下部なりとぞ。

と云っている。前者とその説は違うが不徹底な程度においては同一だ。そして彼らの名称が、もと放免囚である事に気がつかなかったのだ。

放免が囚人の放免されたものの名であることは、既に「古事類苑」の案に、

放免は庁の下部なり。犯人の放免せられたるものを役して、追捕囚禁の事に従はしめ、或は流人を護送せしむ。此輩は賀茂祭に、美服を着けて之に従ふとあり。贓物を染めて用ひるものなりといふ。

とあるもの、まず以て一と通りは動くまじき解である。前記江馬君の説明またこれによったものである。「今昔物語」廿九「検非違使盗レ糸被二見顕一語」に、放免等を引率して盗

人追捕に向った検非違使官人の一人が、其の配下の調度懸（今の賀茂祭にも調度掛というもの随行す。放免よりも上位のものなり）と牒じ合せ、自身に糸を盗んで袴の下に隠して、たまたま仲間の検非違使等に見あらわされたのを見た随従の放免等が、仲間同志で私に語らいて、

我等が盗をして、身を徒に成して、此る者と成りたるは、更に恥にも非ざりけり。此る事も有りけり。

と云って、忍び笑いに笑ったとある。また同書同巻の「詣二鳥部寺一女値二盗人一語」にも、女の童を連れて鳥部寺の賓頭盧《びんずる》に詣でた或る人妻が、或る雑色男の為に強奸せられ、その上に主従の衣服をまで剝がれたことを述べて、

其の男の本は侍《さぶらひ》にて有けるが、盗して獄に居て、後放免に成にける者なりけり。

とある。放免が今のいわゆる免囚であることは疑いを容れぬ。少くも放免の語が、放免囚から来たことは疑いを容れないのである。

3　放免囚と検非違使庁の下部なる放免

いわゆる放免が検非違使庁の下部であることは、「伊呂波字類抄」に、「放免」（ハウメン廷尉下部也）とあることによっても明白である。そしてその名称がもと放免囚から起った事もまた疑いを容れないところではあるが、しからば何が故にその放免囚が下級警吏として使役せられるに至ったか、その一代はよしや放免囚であったとしても、その子孫は果していかに成り行いたか、また一切の放免囚はことごとく下級警吏として、永く使役せらるるに至ったものか、「今昔物語」等古書に見える放免なるものが、ことごとく検非違使庁の下部なるもののみか。これらの数多の疑問に対しては、寡聞未だ今日まで一つも研究されたもののあることを知らないのである。

放免囚とは罪を犯して一旦投獄せられた囚人が、所定の刑期を終って出獄放免せられたものの名称である。しからばその放免囚が、特別に公権停止もしくは公権剝奪の付加刑を課せられ、或いは郷国追放の処分を受けなかった限りは、少くも彼らが以前に某地貫籍の公民であったものならば、その放免と同時に、国法上からはもとの公民に立ち帰るべき筈である。したがって放免などという忌まわしい名称が、永くその身に付き纏わるべき筈はないのである。「西宮記」巻廿三臨時十一与奪事の条に、役おわりたる獄囚を放免するの

儀を叙して、

勘問式云、尉乍二乗馬一（或佐行レ之）向二獄門前一、喚二直看督長名一、（誡可レ令レ帯二兵仗一歟。下傚レ此。）仰云、某姓某丸召世（有二数人一者、可レ仰二某丸某丸等一。）称唯召出令レ候。仰云、某丸承礼、（有二数人一者、可レ仰二某丸等一。）依二徒役畢一、任レ法免給布、各罷二還本貫一弖重不レ奉二仕犯一須、為二公御財《オホミタカラ》一之天備コ進御調一礼止宣布（長引、他傚レ此）次召二看督長一仰云、取レ駄礼（此云、加奈支止礼）称唯令レ脱、（脱去之後、因可レ押歟）

今案、件免物、近代向二獄門一儀不見。只着鈦改次行レ之。囚人着レ鈦了後勘問。尉揖。佐喚二看督長一一音称唯、立仰云云。取レ鈦之後、自二懐中一取コ出烏帽一給レ之。一拝分散而已。

とある。これによると、放免囚は役おわるとともにその郷国に帰って、もとの大御財《おおみたから》すなわち公民に立ち戻り、再び罪を犯すことなく、国民としての課役を奉ずべきことを申し渡され、烏帽子を賜わって放免せらるるものであることが知られる。しかるに事実その放免囚が庁の下部として使役せられているという事は、実はその中の極めて一少部分であって、あとよりあとよりと獄舎から放免せらるるものの数が、さらにそれよりも甚だ多いものであったことは、単にこれを常識より考えても、極めて明白なる次第であろう。しからばその放免囚の多数の末はどうなった事であろう。無論原則としては公民に立ち帰るべきではあるが、中には帰るに処なきものも少くはなかろう。帰ったとても一旦罪囚であったものとして、郷党家族に容れられないものも多かった事であろう。さらに中には自ら旧好に顔を合す事を恥じて、故郷に帰るを欲しなかったものもあろう。かくてこれらの人々は、或いは後世にいわゆる「来り人」として、異境に寓して別に生活の道を求め、或いはいわゆる雑式《ぞうしき》浮宕《ふとう》の輩となりて、放浪に衣食し、随処に口を糊するものも出来たに相違ない。そしてこれらの中から採用せられた少数のものが、いわゆる庁の下部として依然放免の名を以て呼ばれ、盗賊の追捕、獄舎の警固、検非違使の随員、罪囚の護送等に役せられたものであったのだ。

4　下級警吏としての放免

放免が盗賊追捕に向った事は、前記「今昔物語」の、糸を盗んだ検非違使の話によっても明らかである。また同書に「放免共為二強盗一入二人家一被レ捕語」という話の中の放免は、東の獄の辺に住んだものどもだとあってみれば、無論検非違使庁の下部としての放免が、獄舎の辺に住んで、その獄舎の警固に任じていたものの事と思われる。同書の「西市蔵入盗人語」の放免も、検非違使に随って蔵に閉じ籠められた盗人の追捕に向ったものである。また同書の「藤大夫□家入強盗被レ捕語」は、藤大夫の宅に押し入りたる強盗を追捕せんが為に、藤大夫と懇意な検非違使の藤判官が、放免を呼んで実地を検証せしめ、その放免の検証に基づいて、盗人の党類を捕えたという話である。さらに同書「幼児盗レ瓜蒙ニ父不孝一語」は、放免の名は見えておらぬが、庁の下部が犯人を捕えてその親の許に連行し、これを恐喝した話であって、その庁の下部なるものが、いわゆる放免である事は申すまでもない。その流罪囚護送の事は、「源平盛衰記」文覚上人流罪の条に、

伊豆の国へ流罪の由にて……院より庁の下部二人付られたり。庁の下部放免二人も、下向すべきにてありけるが、文覚に語りけるは、庁の下部の習、懸《かか》る事に就いてこそ、自ら酒をも一度飲む事にて候らへ、去ればこそ又折々の芳心をも申す事なれ。上人御房程ならぬ人だにも、人には訪れを乞ふ事にて候。申さんや御房は貴き人にておはします上、京白川に知人多くぞおはすらん。解《げ》廻らして国の土産、道の粮物にも所望し給へかし、たゞ官食ばかりにては慰もあるまじ。且は身の計をも存じ、又人の心をも兼ね給へかしと、様々教訓しけり。

とあって、その放免が文覚に賄賂を請求したことまでが書いてある。「平家物語」には同じ事を、

庁の下部の習、か様の事に付てこそ、自《おのづか》らの依怙も候へ。

とあるが、いずれにしてもこれらの放免が、庁の下部として罪囚を警護しながら、その罪囚から役徳を得ていた事情が察せられる。また「今昔」十六、「仕㆓長谷観音㆒貧男得㆓金死人㆒語」には、明らかに「庁の下部と云ふ放免」とあって、その放免が長谷観音信仰の貧男を九条の辺で捕えて、これを人夫《にんぶ》に使役した話を書いてある。

日暮方になりて、既に九条の程を行くに、只ひとり心細くて行きけるに、庁の下部と云ふ放免共にあひぬ。此男を放免共俄に捕ふれば、男、此は何故に捕ふるぞと云へば、早う夫《ふ》に取るなりけり。引張つて上様《かみざま》へ将行《ゐゆ》きて、八省に将入《ゐい》りぬ。男奇異《あや》しく、怖しく思ふ程に、内野にありける十歳許《ばかり》なる死人を、此れ川原に持行て棄《す》てよと責めければ、男終日長谷より歩み極《こう》じて、力なく堪へ堪くて、我れ長谷に三年月参りして、結願して返る時しもかゝる目を見るこそ、実《げ》に前世の果報の致す所なめれ。妻の常に云ひつる様

に、機縁のおはさざりけるなりと、哀れに思うて、此の死人を持つに極めて重くして持ち上らず。然れども放免共、強ちに責めければ、念じて持ちて行くに、放免共後に付て見れば、棄て、逃る事もなくて行くに、極めて重き川原まで否行着《えゆきつ》かずして、男、心に思ふ様、我れ独して此の死人を川原に持ち行き難し、然れば我れ家に持て行きて、夜る妻と二人持て棄てんと思うて、男放免共に、かくなん思ふと云ひければ、放免然らばさも為《せ》よと云ひければ、男家に死人を持て行きたれば、妻此れを見て其れは何ぞと云へば、男しか〲の事にて此く思うて持ち来るなりと云ひて泣く事限りなし。

とある。これはその死人が実は観世音からその貧男に賜わった黄金であったので、極めてめでたい話ではあるが、そんな話が語られるのも、ともかく庁の下部たる放免が、随分横暴な事をやったものであったが為に相違ない。この話の終わりに、

彼の死人を持て男家に入れにければ、門にありつる放免も見えざりけり。これを思ふに、実の放免の夫《ふ》に取りけるや、亦観音の変じ給ひけるにや。

とある。しかし実の放免もこのくらいの事は仕かねまじきものであったのだ。

放免狼藉の事はしばしば物に見えている。「中右記」寛治八年十二月四日の条に、

召二検非違使丈部保成一、付二中文一献二別当一。是備前役夫工催神民為二庁下部一被二殺害一事依二上卿命一也。

また八日の条に、

一日宇佐使立日、検非違使下部等、備前役夫工催使神民殺害事、重付二説長一令レ申。

とある。これは果してどんな事件であったのかよくはわからぬが、「小右記」長和三年四月二十一日条に、

今朝四条大納言密々示送云、使庁事極多二奇事一。是兼案也。面《まのあたり》可二談説一者。誠雖二聟君一不レ従二諷諫一歟。使庁狼藉不レ如二今時一。看督長放免等、横二行京中一、切二市女笠《イチノメガサ》一、又別当舎人等同切云云。市女笠非二禁制物一。仮令雖二禁物一、看督長放免別当下人破却、太奇怪事也。別当年歯極若、又無二才智一。暗夜々々、又暗夜也。京畿之間昏乱無レ度。使鼻《シノハナ》如レ

口。聖人鑒戒而已。

とあるのは、彼らが市中往来の婦人の市女笠《いちのめがさ》を切ったことを咎めたので、けだし彼らの間には、かなり傍若無人の挙動が多かったものらしい。これは検非違使所属の看督長や放免等が、犯人あらための作法を濫用して、顔を隠した婦人に対して悪戯をしたものか、それとも別の意味からの暴行であったかは明らかでない。そしてこの事はその後にも止まなかったものと見えて、同書治安三年五月十三日条にも、

此両三日或検非違使、或刀禰、切二市女笠幷襪等一云云。未レ得二其意一。若有二新則一者、先立二日限一、令レ知二遐邇一、可二被布一歟。而俄切破事何如。就レ中女等、以二市女笠一隠レ形、参二功徳門一。是善根也。至レ今無レ頼、女等難レ植二善根一歟。女人着レ笠可レ無二公損一歟。法制之事以レ萬可レ数。而忽有二笠制一。未レ知二其是一、往古無レ制、足レ為レ奇乎。

とも見えている。また「長秋記」大治四年十一月十八日条には、

未刻於二院門前一被レ問二信実一。放免付二左右手於一、徒跣問レ之、云云。大略及二恥辱一歟。

とある。これも事情は明らかでないが、今日ならば確かに人権蹂躙問題となるべきものであろう。また同書十二月六日条に、

別当談云、去追捕之間、当講恵暁房所二安置一之東大寺聖宝僧正五師子如意、為二放免一被二盗取一給。絵師頼如者尋取出、被レ返二本寺一。師子文雖二取破一。如レ元打付云云。

とあって、彼らの中には盗賊追捕に向いながら、自身却って盗みを働く事もあったのだ。

このほか庁の下部としての放免に関する記事は、諸書に少からず見えているが、煩わしければ一々は引用せぬ。

5　放免囚採用の動機

放免囚が検非違使庁の下部として採用せらるるに至った動機如何は、未だこれを明らかに記したものを見出せぬ。しかしその実際から言えば、なお江戸時代に与力同心等の手先として、前科者たる目明かしを使役したのと同一のものであったと解せられる。目明かし一つに岡引と云い、江戸では訛ってオカッピキと云っていた。いわゆる蛇《じゃ》の道は蛇《へび》のたと

えの如く、犯人の事情に精通しているものはやはり彼らの仲間であることから、比較的罪の軽い犯人の中の気の利いたものを選抜して、主として探偵捜索の用に供したものだという。目明かしの名はその実「目証《めあかし》」で、犯人の顔を熟知している仲間の者として、犯人の首実検をなさしめ、目を以て証明《あかし》をなさしめる事から起った名かと思われる。「関八州古戦録」に、敵方の忍びの者を捕えて、後に重ねて敵から紛れ来るものの目明かしにすべしとて、禁錮しておいたとの記事がある。これを岡引というのも、もと犯人の居所に手引きせしめる義であろう。「言海」には、岡引は陸引《おかびき》で、傍らにあって手引きするものだと解している。目明かし・岡引、必ずしも前科者とのみは限らぬが、ともかく筋のよくないものであった。「徳川禁令考」二十八に、

平人にても科人《とがにん》にても、悪者《わるもの》一人差止め、岡引と名付け、手引致させ、其者の罪を免じ、外科人《ほかとがにん》を召捕候。

とある。また「反古の裏書」二に、

軽罪の囚一等を許して、他賊の巣窟を探らしむる者、岡引といふ。

ともある。この種の事は実は明治時代までも、内密には行われていた事で、今もなおたまにはあるかもしれぬという。少くも改悛したる前科者を利用して、犯人の捜索に利用する事は便利であるに相違ない。そして庁の下部なる放免は、これが大ビラに採用され、使役され、それを笠に着てしばしば横暴を働いたものであったのだ。

なお放免使役の事は、これを一方から観察すると、一種の免囚保護の事にもなったのであろう。獄を出でても縁《よ》る辺なき身となってしまっては、折角一旦改悛せんとしても進んで正業に就くの方便なく、再び罪科を犯さねばならぬ事にもなるのは、実際やむをえない場合が多かったに相違ない。そしてそれを収容して下級の警吏獄吏に使役する事は、いわゆる機宜に適した所為であったに相違ない。しかし彼らは依然前科者として、他から目せられる事を免れ難かったのだ。そして遂に非人として待遇せらるるに至ったのだ。この事はさらに後にいう。

6　庁の下部以外の放免

放免囚の或る者が依然放免の名を以て、使庁の下部に採用された事は前述の通りであるが、その選に漏れたものは果していかに落ち行《ゆ》いたであろうか。無論その原則としては

「西宮記」にある通り、各自本貫に帰ってもとの公民に立ち戻った筈ではあるが、犯人にはもともと戸籍帳外の浮浪民が多かった事でもあろうし、郷里に帰って正業につくというのはむしろ少数であったに相違ない。したがってその多数は、或いは流れて河原者・坂の者・散所の者などの仲間に落ち込み、或いは全くの浮浪民となって放浪し、或いは生きんが為に再び罪を犯して身を失うという類のものになったに相違ない。そしてその中にも都合よく行ったものは、しかるべき人の下人に住み込み、いわゆる雑色男《ぞうしきおとこ》となるものもあったであろう。雑色《ぞうしき》の事及び「今昔物語」を始めとして、平安朝以来の書に所見多く、いわゆる雑式でその種類も一つではなく、また時代によってその指すところも変ってはいるが、既に延暦二年の勅にも、雑色の輩浮宕の類の語があって、その由来すこぶる久しく、また散所・雑色なども並べ呼ばれて、もとは所属もなく浮浪流寓しつつ、雑職に従事したものに呼ばれた名称であったらしい。しかるにそれが他人の家僕となり、或いは官司に使役せられてもやはり雑色と名に呼ばれて、低い地位に置かれたものであった。そして放免の或る者が雑色と呼ばれる身分のものになっていた事は、前引「今昔物語」の「詣二鳥部寺一女値二盗人一語」に、鳥部寺で参詣の婦人を強姦し、その衣服を剝ぎ取った雑色男が、「本は侍にて有けるが、盗して獄に居て、後放免に成にける者なり」とあるによって知られる。これらは同じく放免と呼ばれていても、検非違使庁の下部の放免ではなく、いわゆる雑色男となっていた放免囚である。そしてやはり放免と呼ばれていたのだ。すなわち放免とは前科者ということで、必ずしも庁の下部に限った名称ではなかったのだ（いずれ雑色の事は他日改めて研究を発表しよう）。

次には庁の下部たる放免の末路、その声聞師や番太との関係、祭の日の放免の華美・風流の事等叙述しよう。

7　放免と非人、その末路

検非違使庁の下部たる放免が、もと犯罪者の刑期満ちて放免せられたものであったとして、さてその末はどうなったであろうか。特にその子孫らはいかなる道に落ちて行ったであろうか。

父がよしや放免囚であったとしても、その子孫たるものが必ずしも永くその祖先の前科の責任を継承すべき道理はない。否ただにその子孫のみならず、事実前科者であるところのその放免囚自身すらも、無事にその刑期を終ったものはもとの公民に立戻るべき筈であった事は、前引「西宮記」の文の明示するところである。しかしながら事実は必ずしもその理窟通りに行くものではない。その刑期満了後も彼らがなお放免の名を以て呼ばれ、特にその官庁に使役せられたものまでが、非人を以て遇せられていた事から考えてみても、けだし思い半ばに過ぐるものがあろう。

放免が非人として待遇せられた事については、「江談抄」にその明文がある。

賀茂祭放免著二綾羅一事、被レ命云、放免賀茂祭著二綾羅一事、被レ知哉如何。答云、由緒雖レ尋未レ弁。被レ命云、賀茂祭日於二桟敷一隆家卿問二斉信卿一云、放免著二用綾羅錦繍一、為二検非違使共人《トモビト》一何故乎。戸部（斉信）答云、非人之故不レ憚二禁忌一也。公任卿云、然者雖レ致二放火殺害一、不レ可レ加二禁遏一歟。他罪科者皆加二刑罰一、於下著二美服一条上、有二指《サシタル》証文一歟。斉信卿答曰、贓物所出来物ヲ染、摺二成文衣袴等一、件日掲焉之故、所レ令二著用一歟。四条大納言（公任）頗被二甘心一云々。

彼らは非人なるが故に、衣服の禁制も適用しないとまで解せられたのだ。

非人のいかなるものかについては、いずれ改めて本誌上に詳説する予定であるが、要するに非人とは公民に非ずの義にほかならない。したがってかの河原の者・坂の者・散所の者など、空閑の地に小屋住まいをしている帳外浮浪の民の如きは、原則としてみな非人であるのだ。刑期満ちて本貫に帰らず、引続き京畿に流寓していたものが、非人として扱われたのはやむをえなかった。

本貫に帰らなかった放免囚の中で比較的運のよかったものは、或いは検非違使の下部として使用せられ、或いは良家の雑色男として採用せられたものもあろう。或いはいわゆる兵家の保護を受けて、その家の子郎等の徒となったものもあろう。しかしながらその多数は、いわゆる河原の者・坂の者・散所の者の徒となって、非人という有がたからぬ名目をその子孫に伝えたものであったに相違ない。そしてその子孫たるものは、その非人仲間から足を洗うの機会を捕えうるまでは、永くその非人を世襲せしめられたのであった。

庁の下部たる放免がまた非人として見られるのも、当世の事情上実際やむをえなかったのであろう。そして彼らは特別の事情なき限りは、その有がたからぬ身分と職業とを子孫に伝えたに相違ない。しかしながら、庁の下部には必ず定員があった筈だ。したがってその子孫のすべてがこれに役せられる事は出来ない。いわんや新たに刑期満ちて放免せられるもののすべてを収容しえなかった事は云うまでもない。思うに庁の放免はもと放免囚を採用したものであったとは云え、いつしかそれが一つの定められたる株になってしまって、実際上新たに放免囚から採用せられるという場合は少かったものであろう。さればかの葵祭に華美なる服装をして参列した時代の放免なるものは、事実はそれ自身前科者というではなく、おそらく世間からもその前科者の子孫だと言う事が忘れられて、なお徳川時代の番非人、すなわち俗にいわゆる番太の如く、単に世襲の下級警吏として、その職権を笠に着て威張って通ったものであったかもしれないのである。

そこでその放免の子孫にして、父祖の株を継承したものは、もちろん庁の下部として一生を送ったであろうが、その以外のものはどうなったかと考えてみるに、やはり父祖の慣れた職業によって、他の村落都邑の警察事務にたずさわり、その村落都邑から扶持を受けて生活していたものであろうと思われる。由来警察・監獄の下級吏員は、徳川時代までも不浄役人などと言われて、いわゆるエタ・非人の徒の従事するものであった。そしてこれは実に平安朝以来、河原の者・坂の者・散所の者などが、その職務に従事していた事の引続きであった。桂里辺の散所雑色をして、野荒しを警めしめられたいとの事は、藤原明衡の「雲州消息」に見えている。坂の者の中の或る者が祇園の犬神人《いぬじにん》に役せられ、散所の者の或る者が東寺の散所法師であった事は既に観察したところである。これらは貴紳社寺に役せられたものであるが、村落都邑に付属しても、やはり同類のものの必要であった事は疑いを容れぬ。そして父祖を検非違使の下部として有する放免の子孫らが、流れてここに集まることは最も自然なる道行きであらねばならぬ。そしてその河原の者・坂の者・散所の者などは、往々後世の唱門師・宿・エタ等の元祖となったもので、その源流の一つとしてこの放免が数えらるることは、到底疑いを容るべからざるものであろう。「倭訓栞」放免の条に「寿命院抄」というを引いて、「今深草祭を以ていふならば、桜町の放免うりの類かと云へり」とある。桜町は「山科言継卿日記」に、北畠とともに声聞師の居所として知られた所で、ここに後までも放免と名に呼ばれたものがいたのであった。その地は京都室町姉小路の辺で、御所に近かったからその声聞師を御近所の声聞師と呼び、毎年正月十八日の三毬打《さぎちょう》に際し、禁裏に参上したものであった。また「蔭涼軒日録」長禄二年十一月二十二日条に、相国寺領北畠・柳原の散所の事が見えている。この北畠の散所は「言継卿記」の北畠の声聞師と同じものと考えられる事によってこれを見れば、放免も、散所も、結局は同じところに落ちついたものと察せられるのである。

8　放免の服装

賀茂祭に出る放免が綾羅錦繍を身に著けていた事は、既に大江匡房の「江談抄」の話題に上っているところであるが、その後に至ってその服装はますます華美を競うようになり、前引「徒然草」に見ゆる如く、はては自分で自分の身を持ち扱いかねて、左右の袖を人に持たせるという程にもなった。しかもこれは由来既に久しいことで、しばしばこれを停止してみても、いつしかまた弛んでしまったものとみえる。古いところでは「中右記」永久二年（鳥羽天皇朝）四月六日条に、

今朝行重・資清・経則来申云云。又申云。去年賀茂祭検非違使所二相具一之庁下部等、或付二鏡鈴等一、或著二錦紅打衣一。如レ此過差欲二停止一。去年別当新任之間、不レ知二案内一既過了也。仰云、尤可二制止一。但可レ制事、不レ可レ制事、慥分可二下知一者。……晩頭明兼来、祭間庁下部装束可レ制事、錦紅打衣、金銀類、如二鈴鏡風流事一、可二制止一由仰下了。此外事、強不レ可レ制歟。

とある。かくてその八日に至り、いよいよその旨を奏上した。

奏、祭間庁下部装束過差事、可二制止一色々、金銀錦紅打衣、如二鏡鈴風流一之類也。仰云、尤可レ制。早可レ廻二告検非違使一也。

次いでその十六日条に、

賀茂祭。庁下部装束、過差皆従二停止一。兼日仰下之故也。

とあって、この年はその制止が実行されたのであったが、その後いつとなくまた互いに華

美を競うようになったとみえて、「吉記」安元二年（高倉天皇朝）四月二十二日条に、賀茂祭の行列の状を記して、

右府生紀　兼　康駕鹿毛馬　下部虫襖上下、赤地錦衣付金銅鶴喰松

左府生大江経弘駕仁毛馬　下部蒲染打、付金銅洲浜葵等

右志　中原重成駕仁毛馬　下部白唐綾上下、紺衣付鶴

左志　安倍資成駕黒馬　下部虫襖上下、付小弓袋張皮度立等

清原季光駕仁毛馬　下部褐反上下、付金銅椋上具等

中原清重駕黒馬　下部花田打上下、付錦織機具等

中原広基駕仁毛馬　下部青地錦上下、鰭袖替赤地錦股立、同錦纐纈衣、有菊閉

右尉　平　兼　隆不差剣尻鞘駕黒馬　御厩舎人著赤色上下、山吹衣　私舎人著浅沓、相副、居飼如常　童濃香花田衣　雑色槿白衣

下部花田打紅衣、付金銅枇杷　調度懸火長如レ件

左尉　平　成　清鹿毛馬　舎人香　童槿　雑色白襖　下部褐反上下、付金銅鷹並犬錦鷹犬飼等

左尉　惟宗信房黒鹿毛馬　舎人香　童槿　雑色白襖　下部葡萄染打上下、付棹懸色々衣

左尉　平　扶　行栗毛馬　舎人香　童槿　雑色白襖花田衣　下部青打上下、付金銀板師子

右大夫尉　康綱栗毛馬　舎人香　童槿　雑色白襖花田衣　下部花田上下、付棹懸生衣、並帷大口

とある。この記事によると所従の放免には一定の型はなく、各その主人の好みによって、華美と意匠とを闘わしたものであったらしい。この頃の祭にはひとり庁の下部ばかりでなく、他の舎人・童・雑色・口取なども、往々種々の付物《つけもの》を着けておった。同条に、

院の御牛の童朽葉上下、青打出衣生単付杜若
別の院の御牛の下部童赤色上下、款冬打衣出之、生単付金銅葵
院の御飾馬の御厩舎人時廉二藍上下、款冬打衣生単、付金銅葵
同口取右近将曹秦兼国襖袴如常、付柏鉾棹舞装束等
同　左近府生下毛野敦助襖袴如常付護袋等
引馬の御厩舎人国次朽葉上下、葡萄染打衣、生単、付同葵
同口取殿下右府生下毛野敦景褐反上下、紅打衣、付結政所硯金銅筆墨等
同　右番長秦兼長二藍上下、紅打衣出、付透市女笠　（以下略）

放免が衣服の制にかかわらぬのは、非人であるが故にとの説明であったが、この頃に至っては放免以外、舎人・童・雑色など下賤のもののみならず、府生・番長などの官を帯し、

何の何某とも呼ばるるものまでが、放免の真似を為して装束の競争に与ったなどは、全く以て滑稽と謂わねばならぬ。ことに「吉記」の著者が一々それをその日記に録上してあることを見れば、当時この服装が葵祭の呼び物であったと知られるのである。しかもその付物が単に造花ぐらいの手軽なもののみではなく、金銅の鷹・犬・獅子などから、筆・墨・硯の如きものを付くるに至っては、常軌を逸するも甚だしと謂わねばならぬ。

　鎌倉時代に至っても、相変らず盛んに付物を用いたことは、前号挿入〔左頁〕の「文永賀茂祭絵巻」の放免に見るが如きもので、図に示したものは大きな牡丹の造花を付けているが、今一人の放免は杜若の造花を付けた姿が示されているのである。兼好法師がその「徒然草」に、「建治・弘安の頃は祭の日の放免の付物に、異様《ことやう》なる紺の布四五反にて馬を作りて、尾髪には灯心《とうじみ》をして、蜘蛛のゐ描きたる水干につけて、歌の心など言ひて渡りし云こと」とある建治・弘安は、右の文永のすぐ次の年号であるが、その僅かの間にも余程様子の変った様子が見られる。けだし年々新意匠を加えて、見物人をアット言わしめるを能としていたものであろう。これより先弘長（文永のすぐ前）三年八月十三日の宣旨に、

使庁放囚不レ可レ著ニ絁《アシギヌ》類一。又風流過差之制同ニ于当色一。紺目結、並二倍三倍紺布、一切停ニ止之一。

という禁制があっても、その効果は長く続かなかったのだ。

かくて兼好法師の頃には、「年を送りて過差殊の外になりて、万の重き物を多くつけて、左右の袖を人に持たせて、自らは鉾をだに持たず、息づき苦しむ有様、いと見苦し」と批評せられるまでになったのだ。

降って室町時代に至っても、なおその風のやまなかった事は、一条兼良の「尺素往来」賀茂祭の条に、

庁下部等皆当色也、犀鉾持者以㆓金銀風流㆒而付㆓于其衣裳㆒候。

とあるので知られる。犀鉾持とはけだし鉾持の放免の事であろう。

今の葵祭の行列は、おそらく元禄再興の例が継続しているものらしく、その放免の服装の如きも、「文永絵巻」に則ったものかと思われる。

旃陀羅考　日蓮聖人はエタの子なりという事

1　緒言

日蓮宗の宗祖日蓮聖人はエタの子なりという説がある。いわゆる特殊部落の人々の書いたものや、或いはその親しく語るところによると、某大臣は我が党の士である、某将官も我が党の士である、某々名士もまた我が党の士であるなどと、しきりに我が党の成功者を列挙するものの中に、歴史的の偉人としては、いつも日蓮聖人が数えられて、それをいわゆる部落民の誇りとしているのである。

日蓮を以てエタの子なりということは、実は近ごろになって始まったものではない。既に古く「大聖日蓮深秘伝」というものがあって、父は房州小湊近郷の穢民で名は団五郎、母は同州小湊浦の漁夫蓮次郎の女《むすめ》で名は長と、その名前までが立派に掲げられて、彼はエタの如き賤者の子と生れながらも、かく宗教上の一大偉人として尊信せらるるに至った偉大さに、随喜渇仰したげに書いてあるのである。そしてその団五郎なるものは、後世のいわゆるエタと同じく、皮剝ぎ沓作りを職としたもので、聖人も少年の時には、自らお手のものの獣皮で鼓を張って、嬉戯にも軍陣の真似をなされたのだとか、日蓮宗に団扇太鼓を打って題目を唱えるについては、戦法において鐘は退くの器、大鼓は進むの器なるが故に、父団五郎がみずからお手のものの太鼓を張って、これを日蓮に贈ったのだなどと、エタという事に付会して、とんだ起原説までが書いてあるのである。なおまた日蓮は穢民の家を捨て、母の縁を尋ねて漁家の種族と名のったのだとか、それは世の侮を防ぐ孝心の結果であるのだとか、余程穿ったところまで書いてあるのである。この書は表面日蓮遺弟の、いわゆる六老僧なるものの連名著作となっておって、しきりに日蓮の聖徳を讃嘆したげに見せかけながら、内実は裏面から甚だしくこれをそしったもので、おそらく彼によって念仏無間と罵られた仇討に、徳川時代もおそらく末に近い頃になって、浄土宗の側の人の手になされた悪戯だと思われるが、それにしても彼がエタの子であるということを、繰り返して自慢気に云っておるところに、もともとどんな拠《よりどころ》があるのであろう。

右の「深秘伝」は為にするところあっての偽作として、しばらくこれを問題外におくとしても、日蓮をエタの子だと云ったものは他にもかなり多いのである。既に「大日本史」にも、「日蓮安房人、屠者子」と云い、「挫日蓮」には日題が「開邪陳善記」にも、日蓮が旃陀羅の子なることには、閉口して争わなかったと云い、同書また日蓮の「秋元御書」に、身延退隠の事を述べて、「木の皮をはぎて四壁とし、自死の鹿の皮を衣とし」とあるのを引いて、「けだもの、皮を剝ぐ、日蓮エタの子のしるしなり」などとまで論じているのである。そのほか平田篤胤の「出定笑語」の類に至っては、口を極めてそのエタの子なることを吹聴し、これを悪罵しているのである。これ果して何に基づいたものであろう。

日蓮がエタの子であるということは、実は彼自身の筆に見えるところが唯一の見方である。自分の寡聞なる、未だその以外に何らの史料のあることを知らないのである。彼は文永八年十月佐渡流罪の折に、円浄房へ遣わしたという「佐渡御勘鈔」において、

日蓮は日本国東夷東条安房国海辺の旃陀羅が子なり。いたづらに朽ちん身を法華経の御故に捨てまゐらせんこと、豈に石に金をかふるにあらずや。

と、自己の素姓を書いておられる。また翌九年三月弟子檀那御中に宛てたいわゆる「佐渡御書」にも、

日蓮今生は貧窮下賤の者と生れ、旃陀羅が家より出でたり。心にこそ少し法華経を信

じたる様なれども、身は人身に似て畜身なり。魚鳥を混丸して赤白二諦とせり。其の中に識神をやどす。濁水に月の映れるが如し。糞嚢に金を包めるなるべし。心は法華経を信ずる故に、梵天帝釈もなほ恐れと思はず。身は畜生の身なり、色身不相応の故に愚者のあなづる道理なり。心も又身に対すればこそ月金《こがね》にもたとふれ。

などと、さらに詳しくその出生の旃陀羅であることを書いておられるのである。すなわち日蓮は、自ら旃陀羅の子たることを明らかにし、畜身と云い、畜生の身と云い、またこれを濁水糞嚢にたとえ、色身不相応の故に愚者の侮るもまた故ありなどと云って、自らその出身の極めて賤しき事を認めておられるのである。そしてこれに依って当時世人は、その出身の賤しきことによって、かなりこれを侮っていた様子が知られるのである。

旃陀羅とは印度《インド》における屠殺業者の事である。そして我が国では、古くこれをエタに相当するものとして認められていた。日蓮とほぼ時代を同じゅうした「塵袋」に、

キヨメをヱタといふは如何なる詞ぞ。

根本は餌取《ゑとり》と云ふべきか。餌と云ふはシ、ムラ、鷹等の餌《ゑ》を云ふなるべし。其をとる物と云ふ也。ヱトリをはやくいひて、いひゆがめてヱタと云へり。タとトは通音也、エト

をヱタと云ふなり。ヱトリを略せる也。子細しらぬものはラウソウとも云ふ。乞食等の沙門の形なれども、其の行儀、僧にもあらぬを濫僧と名けて、施行ひかるゝをば濫僧供と云ふ。其れを非人・カタヒ・ヱタなど、人まじろひもせぬおなじさまのものなれば、まぎらかして非人の名をヱタにつけたる也。ラムソウと云ふべきをラウソウと云ふ。弥《いよいよ》しどけなし。天竺に旃陀羅と云ふは屠者也。いき物を殺てうるヱタ体の悪人也。

と解しておるが如きは、すなわちその明証である。同書の言うところによれば、当時にエタとは餌取の語の転訛で、これすなわちインドにいわゆる旃陀羅に当るというのだ。もちろんこの書は仏徒の手になったものとして、その著者が自己の奉ずる宗教上の立場から、屠殺を以て甚だしき悪事となし、したがって屠殺業者を悪人と云い、盛んにこれを嫌忌したに無理はない。それが果して悪事であるか、また果して悪人であるかは今の問題ではないが、この書が鎌倉時代もおそらく弘安頃のものとして、日蓮とほぼ時を同じゅうすることによって、日蓮が自ら繰り返して旃陀羅の子なりと言っているのは、これただちに自らエタすなわち屠者の子なりと言っているのと、同様だと解すべき、動かすべからざる証拠たることは、明々白々だと謂わねばならぬ。したがって「大聖日蓮深秘伝」の偽作者が、日蓮の父を穢人だとして、その団扇太鼓の起原をまでもその職業柄に付会してみたり、

「大日本史」以下の多くのものが、これをエタの子なりと云ってみたり、また今のいわゆる特殊部落の人々が、我が党出身の史上の名士だとして、これを担ぎ上げたりしてみても、この点については日蓮として、毫も言い分なかるべき筈である。果してしからば日蓮は、事実屠者すなわち「塵袋」にいわゆる「穢多」の徒であったのであろうか。

2 餌取と屠者とエタ

エタの語原については種々の説があり、自分もかつて「特殊部落研究号」（本誌二巻一号）においてその諸説を紹介し、中にもほぼ餌取説に賛成しておいた事であった。そしてその後の研究の結果として、今においては疑いもなくエタはエトリの語の転訛だという説を確信しているのである。しかもなおこれについて、世間に種々の疑問の起るのは、後世にいわゆるエタなるものが、昔のいわゆるエタとすこぶるその範囲を異にしている為で、これは時代による称呼の適用の変化にほかならぬのである。この事はかつて本誌上で述べたこともあり、いずれはさらにその後の研究をも加えて、精しく論証するの機を求める積りであるが、取りあえず今は左に本論に必要なだけを述べておきたい。

餌取とは言うまでもなく、主鷹司《たかづかさ》に属して鷹や犬に喰わせる餌を取るを職とした雑戸で、なお徳川時代の鷹匠《たかじょう》に属する餌差《えさし》に相当するものである。無論主鷹司以外にも、貴紳富豪の飼養したる鷹の餌を供給すべく、そこに餌取の存在は十分に認められるが、その職業上彼らは事実一面において肉を扱う屠者であったに相違ない。したがって殺生を以て罪悪とした仏徒の目からこれを見れば、憎むべきもの、賤しむべきものとして、爪弾きされたに無理はない。またその感化を受けた普通人民からも自然彼らが毛嫌いされたのも実際やむをえなかった事である。主鷹司はもと兵部省の被管で、鷹を使って鳥を捕らせる事を掌るの役所であった。したがって仏法の信仰から、この役所はしばしば廃せられたり、また復活したりしたことがあったが、結局延喜の頃には、既に永く廃止の運命に遭遇してしまったものである。したがって主鷹司所属の雑戸たる餌取は当然これと運命を共にすべく、その他においても鷹の飼養は次第に減じた事であろうから、鷹飼に属する餌取は年とともにその数を減じた訳ではあろうが、これが為に餌取が全く絶滅したとは思われぬ。そして世間では、早くその称呼が一般の屠者の上に及び、少くも平安朝中頃以後にあっては、その徒をすべてエトリと呼んでいたらしい。「和名抄」に、

屠児　揚氏漢語抄云、屠（居徒反）訓（保布流）屠児（和名恵止利）屠㆓牛馬肉㆒取㆓鷹鶏餌㆒之義也。殺㆑生及屠㆓牛馬肉㆒取売者也。

とある。「鷹鶏」は「鷹餇」の誤まりで、鷹餇を養う肉を取るのが本義ではあるが、それを広めて一般屠者の称となっていたものらしい。そしてそれがさらに広まって、一般肉食者の称となった事は、「今昔物語」に見える北山や鎮西の餌取法師の語によって察せられる。もちろんこれらの餌取法師は、それ自身屠殺を業とするものではない。ただその身は法師にてありながら、妻を蓄え牛馬の肉を喰うというだけの事であった。そしてそれが為に彼らは餌取の名を与えられていたのだ。三善清行の「意見封事」に、脱税出家の沙門の徒を評して、その「家に妻子を蓄へ、口に腥膻を啖ふ」の行為を指摘し、「形は沙門に似て、心は屠児《えとり》の如し」とある。この屠児すなわち餌取で、延喜の頃に清行は、これらの法師を餌取に似たりと云ったに過ぎなかったのが、いつしかそれがただちに餌取法師と呼ばるるに至ったのである。

かくてその餌取の語が、漸く転じてエタと変ると同時に、その語の適用の範囲もまたさらに拡まって、屠者と同等なる社会的地位を占むる一般浮浪者の徒にもそれが及んで行った。前引「塵袋」にキヨメを穢多というとの事の疑問を提出して、その語原を餌取に求め、当時仔細を知らぬものはこれを濫僧《ろうそう》とも云い、非人・カタイ（乞児）・エタなどを一つにみているが、しかもエタとは本来餌取で、天竺に旃陀羅という屠者も、エタ体の者だと説明しているのは、その頃の世人がキヨメをもエタと呼んでいた証拠であって、かねて事知らぬものは濫僧をも、乞食・非人をも、同一にみておったことを知るに足るのである。濫僧とは前記餌取法師の徒で、肉食妻帯の下司《げす》法師ではあるが、もちろんそれ自身餌取ではない。しかし彼らは屠者同様穢れたものとして、特に禁忌のやかましい神社には、近づき難いものとされておった。延喜式臨時祭の際に、

　凡鴨御祖社南辺者、雖ㇾ在㆓四至之外㆒、濫僧屠者等不ㇾ得㆓居住㆒。

とある。これは鴨御祖社すなわち下賀茂神社が、賀茂川の畔にあって、当時濫僧屠者の輩が、いわゆる河原者または小屋者として、都に近いこの賀茂川原に小屋住まいする例であったから、特にその禁止を明文に示したにほかならぬ。そして鎌倉時代にキヨメ（浄人）と呼ばれたものは、実にこの河原者、小屋者の徒であったのだ。「今物語」に或る五位の蔵人が、革堂《こうどう》に詣でて美人を見初め、そのあとをつけて行った所が一条の河原のキヨメの小屋に這入ったという話のあるは、明らかにこれを示したものである。そしてそのキヨメは実に鎌倉時代においてエタと呼ばれていたのだ。

　室町時代文安三年に出来た「壒嚢抄」に、河原者をエッタと謂っているのは、当時さらにエタの語の適用の範囲の拡まったものと解してよい。河原者とはもと賀茂河原に小屋住

まいしたから得た名であるが、それはただに濫僧・屠者・浄人《きよめ》とのみに限らず、室町時代には井戸掘り・庭作りなどの業にも従事し、その或る者は遊芸を事として、後世俳優を河原者という語の起原をもなしているのである。そしてその同類で、清水坂など東山の半腹の空地に住んでいたものは坂の者と呼ばれ、室町時代にはそれを訛って俗間にサンカモノと呼んでいた。すなわちいわゆる非人の徒で、清水坂の非人法師の事は鎌倉時代の文書にもあるように、本誌上にもしばしば言及した事であった。その坂の者について、古来最も有名なのは祇園の犬神人《つるめそ》で、彼らはもと沓作りを業としたというが、後にはもっぱら弓弦売として世に知られ、宿《しゅく》とも唱門師《しょうもんじ》とも呼ばれて、やはり濫僧の徒であった、高野山宝寿院蔵永禄十年の奥書なる「貞観政要格式目」という変な名前の書には、坂の者すなわち三《さん》家者《かもの》を、連寂衆《れんじやくしゅう》とも、非人とも云い、また燕丹《えた》とも云い、渡守・山守・草履作・筆結・墨子・傾城・癩者・伯楽等は、みなその類例だとある（本誌六巻五号七三頁を見よ）。燕丹はすなわちエタの宛字で、当時はこれらの徒をまで広くエタと呼んでいた事が知られるのである。「師茂記」貞治四年六月十四日の条に、武家の沙汰として祇園御霊会の神輿を穢多に舁《か》かしめたとある穢多は、無論同社の犬神人たる坂の者を云ったものであろう。

かくエタの名称はもと餌取に起り、ひとまず屠者の称となり、さらに広く河原者・坂の者等の称ともなり、いわゆる非人・乞食等、およそ類似の社会的地位のものをすべてエタと呼ぶ事になったのである。しかし彼らのすべてが屠者という訳ではない。ただ彼らは祖先以来の風習をなお存して、肉食を忌むことをなさなんだ。したがって彼らは、その極めて社会的地位の低いことからして、一般世人から賤しめられたに無理はないが、由来屠殺肉食を忌むことのなかった我が国において、これを穢れたるものとして区別するの必要はなかった筈である。しかるに仏教流通の結果として、はてはかつて獣肉を供物として捧げた筈の我が天神地祇までが、肉食屠殺を忌み給うという思想が一般に流布して、彼らは穢れたものである、穢れ多きものであるとの意義よりして、ついには餌取の転訛なるエタの語に当つるに、「穢多」という忌まわしい文字を用うるに至ったのである。かくて徳川時代に法令上エタ・非人の区別をなすに当り、当時現に皮を扱い肉を扱っていた仲間のみを以て、神明禁忌の思想からこれを穢れ多きものとし、もっぱらエタの称を冠せしめ、その他のものはこれを総称して、非人と云う事になったのである。ここにおいてエタの名はいくらか当初の意義に近づいて来た。

果してしからば聖者日蓮が文永の頃において、自ら旃陀羅の子なりと言われたその旃陀羅は、果してどの意味のエタと同視すべきものであろうか。

3　インドにいわゆる旃陀羅と我がエタ

「塵袋」の著者は、「天竺に旃陀羅と云ふは屠者也。いき物を殺てうるエタ体の悪人也」と、雑作もなく説明している。悪人とは随分ひどい言い現わし方だが、屠殺肉食が悪事であるという見地から云えば、その悪事をするものはすなわち悪人である。浄土宗の開祖源空上人の「遣北越書」に、「婬肉を断ずべからずといふは仏法の外道、天魔の儻類なり」とあるのはこれだ。降って文安三年の「壒嚢抄」には、大体「塵袋」と同じ文でありながら、特にそれを悪人とは云わず、ことさらに「餌取体の膩《きたな》き者なり」と言いかえている。これは禁忌の風習が漸く一般に普及して、彼らは膩きもの、穢れたるものだとの思想が、著しくなったことを示したものである。「臥雲日件録」のその同じ文安三年十二月二十一日条に、当時の屠者《えた》の事を評して、「蓋人中最下之種」と侮辱極まる言辞を用いているのも、畢竟僧侶の同一見地から出た悪口《わるくち》で、当時彼らの見る旃陀羅の地位を言いあらわしたものなのである。さらに「七十一番職人歌合」エタの月の歌に、「人ながら、如是畜生ぞ馬牛の、かはらもの、月見てもなぞ」とあるに至っては、馬牛の皮を扱う河原者なるエタは、人ながらにして如是畜生であるとまで極端に賤しんだものであって、屠殺肉食を憎む仏教の影響の、いかに深刻であったかを思うては慄然たらざるをえないのである。そして聖者日蓮は、自らその賤しむべき旃陀羅の子だと云い、身は人身に似て畜身なりとも、身は畜生の身なりとも云っておられるのである。果してしからば日蓮のいわゆる旃陀羅は、日蓮自身如是畜生の河原者の徒であると認めておられたかに解してしかるべきものであろうか。

インドに云う旃陀羅は、「翻訳名義集」にも「此云《こゝに》㆓屠者㆒」とあって、屠殺業者の名称であったには相違ない。しかし彼らはただ屠者であったばかりでなくまた実に死刑を執行する獄吏であった。「玄応音義」に、

旃陀羅……此云㆓厳熾㆒。謂㆓屠殺者之種類㆒之名也。一云㆓主殺人㆒。獄卒也。

ともある。彼らはその職業からして、普通人と住居を別にし、互いに相交わる事が出来なかった。ただに相交わる事が出来なかったのみならず、人もし途中で彼らに出合う場合には、必ずこれを避けて相触れる事をまでも忌んだものである。「翻訳名義集」に法顕伝を引いて、

名為㆓悪人㆒。与㆑人別居。入㆓城市㆒則撃㆑竹自異。人則避㆑之。或帯㆑之、人皆怖畏。

と云っておる。この「竹を撃つ」と云うことは、或いは「木を撃つ」とも、また「鈴を揺かして標す」ともあって、いずれも自ら旃陀羅なることを標するの作法である。かくて行人はこれを見てその旃陀羅なるを知り、自ら避けてその穢に触れざるべく注意するのである。故にもし彼らがその標識を怠った場合には、王すなわちこれを罪すともある。けだしこの旃陀羅は、ただに職業を異にするのみならず、また実にその民族を異にするものであって、インドにおける太古の被征服者の子孫等が、気の毒にもこの境遇に堕されたものであったに相違ない。

しかるに我が国におけるいわゆるエタは、決してそんな訳のものではない。彼らの多くはその祖先が不幸にも落伍者の群に投じたが為に、やむをえず世人の忌み嫌うような職業に従事したとは云え、もともとその民族を異にするものでない事は、しばしば本誌上で論じた通りである。またその職とするところの屠殺そのものも、また、彼らの風習たる肉食そのものも、仏法の影響を受くること多き時代においてこそ、世人もこれを穢れとして忌み嫌うようにはなったけれども、太古においては決してこれを忌んだものではなかったのである。恐れ多くも皇祖彦火火出見尊《ひこほほでみのみこと》は、御自身山幸彦《やまさちひこ》として鳥獣の狩猟に従事遊ばされたのであった。さらに遡って、素戔嗚尊《すさのおのみこと》は、御自身天斑駒《あめのふちこま》の皮をお剝ぎになったのである。

神官をハフリというのも畢竟はホフリの義で、動物を屠ってこれを神に奉るから得た名称だと解せられる。したがって鳥獣の肉は神明にも捧げ、高貴の供御にも奉り、無論一般人民は美味としてこれを食したものであった。ことに奈良朝以前には或る程度まで牧畜も行われて、豕《いのこ》を飼育して食料に供したものであった。もちろん一般人民も自ら鳥獣を捕獲して、これを屠って喰うを忌まなかったのである。かかる際において、どうして屠殺肉食の事が穢れたものとして、認識される事があろう。無論職業として屠殺業に従事した程ものは、社会的地位の低かったには相違ない。しかしこれは身分が低いというだけであって、穢れたものとしては区別せられなかった筈である。しかるに仏教流行の結果、インドにおける文献の記するところを丸移しにして、人中最下の種だの、如是畜生だのと云うに至ったものである。もちろん仏徒の方から云えば、彼らは穢れたものであるから、戒律を守るものはこれに近づく事が出来ない筈である。ただに屠者のみならず、「法華経仮名新注抄」（広文庫引）の安楽行品には、「不レ親下近旃陀羅、及畜二猪羊鶏豹一、畋猟漁捕、諸悪律儀上」ともあって、飼鶏漁魚者にまでも、親近することが禁ぜられたのである。したがって彼らは、古えは仏者の済度の手から漏れて、その妙味を味わうことなく、太古以来の祖先の遺風をそのままに継承して、屠殺肉食敢えて忌むところがなかったのである。しかもなお室町時代から戦国時代の頃に至るまでも、一般世人のこれを見る、必ずしも敢えて穢れたものとして区別しなかったことは祇園祭の神輿をエタに舁かしたとか、エタに井戸を掘らせたとか、三好長春がエタの子を小姓に召し抱えたとか、武士が持参金付のエタの娘を息子の嫁に取ったとかいう例証の、甚だ少からぬことによっても知られるのである。

しかるに徳川時代も中頃以後に至って、エタに対する圧迫が甚だしくなったという事は、既に論じた如く(本誌二巻一号「特殊部落研究号」一二七頁以下「エタに対する圧迫の沿革」)、主として彼らの人口増加の結果ではあるが、その圧迫の方法に至っては、仏徒が彼らをインドの旃陀羅に比したが為に、インドにおいて旃陀羅に加えた非人道なる圧迫を、そのまま移して彼らに施したものにほかならぬ。彼らの住居は制限せられた。彼らは普通民の家に入る事を許されなかった。彼らは一見普通民と区別すべき服装をさせられた。甚だしきに至っては、――伊予大洲藩の如く、――エタは必ず毛皮の徽章を付すべしとか、――土佐高知藩の如く、――エタは夜間外出すべからず、もしよんどころなき用事ありて外出する時は、必ず何村何谷の穢多と記した提灯を所持すべしとかいう程のものもあった。この徽章を付し、提灯を持たしめたものは、インドにおいて旃陀羅に竹を撃たしめ、或いは鈴を揺らしめて、その旃陀羅たることを明示せしめたのと揆を一にするものである。

要するに我が国において、エタが特に穢れたる賤しき者として疎外せらるるに至ったのは、主として仏法の影響によるものであって、ことに彼らを同じ屠者ということから、インドの旃陀羅に比したが為であった。そしてその思想は既に鎌倉時代に存在し、仏徒の間には畜生の身とまで言う程にもこれを嫌ったものであったが、後にはそれが一般に及んで、徳川時代も中頃以後になってことに甚だしくなり、今に至ってその後裔は少からぬ累を受けているのである。しかしながらもともとインドの旃陀羅と、我が餌取とはその成立を異にするものである。インドにおいてはおそらく被征服者たる土人を虐待して、これに賤職を課し、一般人民より甚だしき区別をなすに至ったものであろうが、我が餌取はよしや彼らが社会の落伍者であったとしても、もともと同一民族であって、もし屠殺肉食を以ての故にこれを忌むとすれば、神代の神々を始めとして、仏法流行以前の一切の国民、ことごとくこれを忌まねばならぬ筈である。エタを以て旃陀羅に比したものの罪悪、それ大なるかなといわねばならぬ。

我がエタとインドの旃陀羅とは本来違うものである。しかもそれが過まって同一視せられた。そして非常な惨禍を受けた。ここにおいて自分は、さらに進んで自ら旃陀羅の子なりと言われた日蓮その人の素姓について考えてみたい。

4　日蓮宗徒の信ずる日蓮の系図

日蓮宗側に伝うる「祖師伝」によると、宗祖自身我は旃陀羅の子なりとか、旃陀羅の家より出づとか明言しておられるにかかわらず、毫もそれらしい素振りは見せずして、やはり例の通りの立派な系図を有せられることになっているのである。「祖師伝」の中でも最も古いと言われる「元祖化導記」は文明十年日朝述で、寛文六年の版だとあるが、それには或記というものによって、「先祖は遠州の人貫名《ぬきな》五郎重実なり、平家の乱に安房国に流されたり」と云い、その重実の第二子たる貫名次郎重忠の第四子が、すなわち祖師日蓮だと云っているのである。次に永正二年に没した日澄の著だという「日蓮註画讃」（享保二十一年版）には、その貫名氏の先祖調べを行って、日蓮本姓三国氏だと云い、父は遠州刺史、すなわち遠江守貫名重実の次子重忠までは前者と同一だが、さらにその先は聖武天皇の裔で、母は清原氏だと余程古いところまで及んでいる。しかるに貞享二年の「蓮公大師年譜」に至っては、遠く藤原鎌足からその系図を引いて、彦根藩主井伊氏の一族となし、「伝に曰く本姓三国、後藤原に転ず」と云っているのである。かくてさらに享保の「本化別頭高祖伝」以下の書に至っては、三国氏とか、聖武天皇の後胤とかいうことはやめにして、初めから俗姓は藤原氏と極めてしまっているのが多い。また文永元年八月十四日日蓮在判の「聖人御系図御書」（「本化聖教　日蓮聖人御遺文」所収）というものには、「自㆓神武四十五代聖武天皇㆒、河内守通行末葉遠江貫名五郎重実と云までは十一代也」として、これには聖武天皇説を祖述し、日蓮はその重実の孫だとある。これはもちろん問題にもならぬ偽書として措くとするも、その他の伝記の言うところが、また果して信ずべきか否かは、真宗の開祖親鸞聖人が名流日野家の公達で、九条関白の愛婿であったとの説と同様に、門徒以外にこれを強うることはかなり困難なものであろう。

藤原氏だと言い出した事については、既に天野信景の塩尻において、もと氏を貫名ということから、井伊氏の一族に貫名を名乗るもののあるのに思いついて、「寛永諸家系図伝」から写し出したものであろうとスッパ抜いている。また平田篤胤の「出定笑語」にも、同じ趣きの弁駁がみえているのである。これはなるほどそうらしい。そこでまず藤原氏という事はしばらく措き、さらに「註画讃」の三国氏説について考えてみるに、その先祖が聖武天皇の後胤だとあることとは両立し難い感がないでもない。何となれば、三国氏が聖武天皇の後だとは、一向古書の記事に合わぬところで、「日本紀」には、継体天皇の皇子椀子《まりこ》皇子は三国公《みくにのきみ》の先なりとあり、「新撰姓氏録」に三箇所まで見えている三国真人も、いずれも継体の皇子椀子王の後なりとあって、その以外聖武天皇の後に、三国氏の名は少しも見えていないのである。或いは古書に逸した三国氏が他にないとは言われぬとしても、そしてそれが聖武天皇の後胤であるとしても、或いはそれが大織冠の後裔であるとしても、敢えて聖人に軽重をなす所以のものではないから、敢えて問題とするには当らぬ事ながら、彼の多数の遺文の中において、聖人が一言その名流の出であることを歌っておられないことは、多少研究者をして首を傾けしめる事実だと謂わねばならぬ。否ただに聖人は自身それを歌っておられぬのみならず、かえって自ら旃陀羅の子なりと云い、今生は貧窮下賤の者と生れたと云い、人身に似て畜身なりと云い、身は畜生の身なりとまで言っておられるのである。なるほど先祖が皇胤名流であっても、子孫が落伍して旃陀羅にならぬとは云えぬ。そこで聖人の遠い御先祖は皇胤名流であったとしても、その父が旃陀羅であったから、聖人はその事実をのみ述べられて、遠い祖先の事には及ばれなかったのかもしれぬ。事実或る人々はこれを以て、聖人御謙遜の徳の尊い発露だと云い、特におくゆかしい所以であると解するものがないではない。しかしこれは他の祖師について或いは言うをうべきも、特に日蓮聖人については当り難い感がないではない。ことにその親を以て畜身にも比すべき程の旃陀羅の身分なりと公言することは、いかに御謙遜の辞とは云え、甚だしくその父母を辱かしめるものである。聖人はその「四恩鈔」に父母の恩を説いて、「今生の父母は我を生みて法華経を信ずる身となせり、梵天帝釈四大天王、転輪聖王の家に生れて、三界四天を譲られて、人天四衆に恭敬せられんよりも、恩重きは今の某の父母なるか」とまで云って、しきりに父母の恩を説いておられるのである。この聖人の孝徳の上から見ても、これを下賤の旃陀羅と公言し、毫も先祖の光栄に及ばぬということは、到底信じ難い説であらねばならぬ。聖人は常に自己を以て、日本第一の法華の行者だと云い、日本第一の忠臣だと云い、仏法を以て論ずれば一閻浮提第一の富者なりと云い、日本の柱、日本の眼目、日本の大船とならんとまで云い、自ら旃陀羅の子なりとしてこれを畜身糞嚢に比したる場合においてすらも、中に識神を宿して糞嚢に金《こがね》を包めるに比し、はては自ら上行菩薩を以てまでも任じておられるのである。またその郷里たる安房国長狭郡東条郷を以て、「天照大神の御厨《みくりや》、右大将家の立て給いし日本第二のみくりや、今は日本第一なり」などと、かなり強い歴史的の御国自慢をまでもしておられるのである。かくすべての点において、極めて強き自信の発露を見るところの聖人の口よりして、そんな父母を辱かしめるような御謙遜の辞があるとは思われぬ。ことに聖人はその「善無畏三蔵鈔」において、

日蓮は安房国東条片海の石中《いそなか》の賤民が子なり、威徳なく有徳の者にあらず。

と云い、「中興入道消息」に、

日蓮は中国都の者にあらず、辺国将軍等の子息にもあらず、遠国の者、民の子にて候ひしかば……

など云いて、なお旃陀羅の子が糞嚢に金を包むに比したと同じく、自己の素姓を卑むが中にも、常に自負の意味をどこかに含ませておられるのである。この平素の態度から観察しても、聖人がもしさる名流の後であるならば、その多数の遺文の中には、何とか露われていそうなものでもあり、よしやしからずとするとも、その所生の父母を辱かしめてまでも、ことさらに旃陀羅の子なり、賤民の子なりと、繰り返して告白するの必要はなかった筈である。これはむしろ空也上人の如く、初めから何らその所出を言わぬ方がよかったのではないかと思われる。しかるにもかかわらず聖人がしばしばその所生の下賤を口にされたという事は、これ実に詐らざる告白であって、当時においてこれを隠匿する必要もなく、またこれを隠匿し得難いまでに、世間公知の事実であった為ではなかろうか。少くも聖人にその素姓を尊からしむるの意思のなかった事は、最も明白な次第である。したがって後人が強いて種々の付会をなして、世人をしてこれを疑わしめるような系図を誇張することは、これ実に聖人の真意に背くものであるのかもしれぬ。

果してしからば聖人のいわゆる旃陀羅とは、そもいかなるものであったであろう。

5　日蓮のいわゆる旃陀羅は漁人の称

日蓮聖人が聖武天皇の後胤だとか、三国氏の出だとか、はた藤原氏の人だとかいうことが、しばらくことごとく信じ難いものとして、事実彼はいかなるものの子であったであろうか。聖人の多数の遺文の中には、上に引用したもののほかにも、その出生を書いたものが少くない。「妙法比丘尼御返事」には、

日蓮は南閻浮提日本国と申す国の者なり。……日蓮は日本国安房国と申す国に生れて候ひしが、民の家より出でゝ、頭をそり袈裟を着たり。……

「波木井殿御書」には、

日蓮は日本国人王八十五代後堀河院御宇、貞応元年壬午、安房国長狭郡東条郷の生なり。

などあるものは、家柄についてあまり参考にもならぬが、「本尊問答鈔」に、

日蓮は東海道十五国之内、第十二に相当る安房国長狭郡東条郷片海の海人の子なり。

とあるのは、前引「善無畏三蔵鈔」に、「東条片海の石中《いそなか》の賤民が子なり」とあるのと相

俟って、彼が漁家の生れたることを明示したものである。「註画讃」にも、その父重忠が安房州長狭郡東条郷の片海、市河村の小港浦に流されて漁叟となるとあって、その漁夫の子たることを認めているのである。聖人は事実漁家の子として生れられたのであったに相違なかろう。漁夫はもちろんいわゆる屠者《えとり》ではない。したがっていわゆる旃陀羅でもない訳である。しからば何故に聖人は、自ら一方では旃陀羅の子なりと云い、旃陀羅が家より出でたりなどと繰り返しておられるのであろう。これについては当時の漁夫の社会的地位を明らかにせねばならぬ。

　漁夫はすなわち海人《あま》で、古えにいわゆる海部《あまべ》の部族である。これを民族的に論ずれば、海部も農民も本来敢えて区別のあったものではないが、農民が公民《おおみたから》として社会的地位を獲得した後においては、彼らは取り遺されて一種賤しいものとして見られていたのであった。この事は「日本紀」などにも証文がいくらもあり、ここにこれを論ずることは問題があまりに枝葉に流れるから、しばらくその説明を他日の機会に保留することとして、仏教流布の後においては、彼らは通例殺生者の仲間として、その化縁外に置かれたものであった。前引「法華経仮名新注抄」に、漁捕のものが旃陀羅などとともに、親近すべからざるものの中に数えられているのはこれである。「万葉集」にも漁人の歌を乞食の歌だと云っているのである。もちろん「霊異記」には、永興禅師が熊野の海辺人を教化した話もあって、一部ではその仏縁も認められていたのであったが、一般にはなお後までも普通民との間に或る間隔が認められて、地方によっては今以てこれを特殊部落の如く区別し、或いは隣村のものと絶対に縁組を通ぜず、或いは呼ぶに夜叉の称を以てせられる漁村すらないではないのである。かくの如きはもちろん除外例ではあるが、中世までも彼らは山人《やまひと》・海人と連称せられて、一般人民との間に或る区別が認められたのであった。既に自ら海人の子であるところの日蓮の「善無畏三蔵鈔」にも、

山人海人なんどが東西を知らず、一善をも修せざる者は、還つて罪浅き者なるべし。当世の道心者が後世を願ふとも、法華経釈迦仏をば打捨てて、阿弥陀仏念仏なんどを念々に不捨申は、いかがあるべからん。

と云っておるのである。これは聖人が大嫌いの念仏者を謗った言ではあるが、山人海人等が通例東西をも知らず、一善をも修せざる者たることは聖人自らこれを認めておられるのである。また浄土宗の開祖法然上人の晩年に際して、弟子法蓮房が上人入滅後何処を遺蹟とすべきやと問うたのに対して、上人の答えた語を「行状画図」に記して、「念仏を修せん所は貴賤を論ぜず、海人漁人が苫屋までも、皆是れ予が遺跡なるべし」と云われたとあ

る。これまた海人を以て根本から賤しいものと認めて、そのためしに引いたのにほかならぬ。当時仏徒の見るところ実にかくの如くであったのである。事実殺生を悪事とするものは、魚を捕ることもまた悪事とせねばならぬ。仏の戒律を保つものが、漁捕の徒に親近すべからずと云ったのに無理はない。もし魚を殺すをも屠殺とすれば、海人も一種の屠者である。そこで屠者すなわち旃陀羅なりと解した当時において、聖人が漁家の子たることを旃陀羅の子なりと強く言ったのも、彼の性格としては無理からぬところである。

日蓮は事実漁夫の子であった。自ら旃陀羅の子なりと言われたからとて、世間のいわゆる旃陀羅すなわちエタとは同視すべからざるものである。ただ常に強い言いあらわしに慣れた彼が、自らさる名辞を用いられたが為に、後人をして真にエタの子なるが如く解せしむるに至ったのは、彼自身においては何ら痛痒を感ぜられぬとしても、これを嫌がる後の門流の人々に対しては、気の毒の感なき能わぬのである。

狩猟漁業は当時一般の仏徒の目からは確かに悪事であった。したがってこれに従事するものは確かに悪人と認められた。この意味における悪人往生の思想は比較的古い頃からあったとしても、それは一般仏徒から認められたのではなかった。これを主として済度されたのは親鸞聖人の一向念仏の宗旨であったが、自ら旃陀羅の子と呼号した日蓮聖人もまたこの方面の教化を怠らず、今においてなおいわゆる特殊部落の約八割は真宗に、残りの約二割が日蓮宗に帰依しているのをみても、聖人が漁家の子として自ら旃陀羅を以て任じ、その教化の手をさらに一般旃陀羅の上に及ぼされた事が知られるのである。旃陀羅の何者なるかを研究して、思いをここに致すにおいて、今さらに聖人の大慈大悲の広大なるに敬服せざるをえぬ。

濫僧考　河原者・坂の者・宿の者・非人法師

「民族と歴史」八巻五号所載「旃陀羅考」中にちょっと述べておいた濫僧《ろうそう》の事を、今少し精しく考証してみる。「旃陀羅考」中にも引いておいた「延喜式」の臨時祭式の文に、

凡鴨御祖社《かものみおやのやしろ》南辺者、雖レ在二四至之外一、濫僧屠者等不レ得二居住一。

とある。その濫僧とは、そもそもいかなるものであろう。そして何故にそれが四至の外といえども鴨御祖社すなわち下鴨神社の南辺には住まわせなかったものであろう。まずそれから考えてみる。これも「旃陀羅考」に引いた鎌倉時代の「塵袋」(五)に、

キヨメをヱタと云ふは如何なる詞ぞ

根本は餌取と云ふべきか。餌と云ふはシ、ムラ、鷹等の餌を云ふなるべし。其をとる物

と云ふ也。ヱトリをはやくいひて、いひゆがめてヱタと云へり。タとトは通音也、ヱトをヱタと云ふなり。ヱトリを略せる也。子細しらぬものはラウソウとも云ふ。乞食等の沙門の形なれども、其の行儀僧にもあらぬを濫僧と名《なづ》けて、施行ひかる、をば濫僧供と云ふ。其れを非人・カタヒ・ヱタなど、人まじろひもせぬおなじさまのものなれば、まぎらかして非人の名をヱタにつけたる也。ラムソウと云ふべきをラウソウと云ふ。弥《いよいよ》しどけなし。（下略）

とある。濫僧供《ろうそうく》の事は、「後二条関白記」寛治六年正月十九日の条、「人車記」久安五年十一月十日条などにも見えて、平安朝にはしばしば行われたものらしい。すなわちいわゆる濫僧に施行すなわち供養するもので、その濫僧とは沙門の形をなしたる乞食のことであることは、右の「塵袋」の文で明白だ。しからばその濫僧の起原やいかに。

延喜十四年三善清行の上った「意見封事」十二個条のうちに、

一　諸国の僧徒の濫悪、及び宿衛舎人の凶暴を禁ぜんと請ふ事

右、臣伏して見《おもんみ》れば、去《い》にし延喜元年の官符、已《すで》に権貴の山川を規錮し、勢家の田地を侵奪することを禁じ、州郡の枳棘を芟《か》り、兆庶の蝥蟹を除く。吏治施し易く、民居安き

を得たり。但猶凶暴邪悪の者は、悪僧と宿衛となり。伏して以《おもんみ》れば諸寺の年分《ねんぶん》及び臨時の得度は、一年の内に或は二三百人に及ぶなり。中に就いて半分以上は皆是れ邪濫の輩なり。又諸国の百姓課役を逃れ、租調を逋《のが》るゝ者、私《ひそか》に自ら髪を落《おろ》し、猥りに法服を著く。此の如きの輩年を積んで漸く多く、天下の人民三分の二は皆是れ禿首の者なり。此れ皆家に妻子を蓄へ、口に腥膻《なまぐさ》を啖《くら》ふ、形は沙門に似て、心は屠児の如し。況や其の尤も甚しきものは、聚つて群盗を為し、竊かに銭貨を鋳る。天刑を畏れず、仏律を顧みず。若し国司法に依て勘糺すれば、則ち霧合雲集し、競うて暴逆を為す。前年安芸守藤原時善を攻囲し、紀伊守橘公廉を劫略する者、皆是れ濫悪の僧其の魁帥たるなり。もし官符遅く発し、朝使緩く行かしめば、時善・公廉皆魚肉とならんなり。若し禁懲の制なくんば、恐らくは防衛の方に乖《そむ》かん。伏して望むらくは、諸僧徒の凶濫なるものあらば、登《その》時《とき》に追捕し、度縁戒牒を返進せしめ、即ち俗服を著せ、本役に返し附けしめん。又私度の沙弥其の凶党たらば、即ち鉗釱を著けて其の身を駈使せん（以下宿衛舎人の事略す）。

とある。「形は沙門に似て、心は屠児の如し」と云い、また「天下の人民三分の二は皆是れ禿首の者」とある在俗のこの法師原、これ実に当時の貴紳たる三善清行の目に映じたところの窮民の状態であった。そしてそれは実に同じ頃の「延喜式」に「濫僧屠者」と並称せられた、いわゆる「濫僧」でなくて何であろう。彼らは濫悪の僧だとある。邪濫の輩だとある。いわゆる濫僧とは、この邪濫・濫悪の義の「濫」字をとって呼んだものと解せられる。彼らはまた家に妻子を蓄えて口に腥膻を啖う禿首の者だとある。時代は下るが右に引いた鎌倉時代の「塵袋」に、「乞食等の沙門の形なれども、其の行儀僧にもあらぬを濫僧と名《なつ》」くとあるその「濫僧」は、多くは実に平安朝において落伍した公民のなれの果てであったのである。

清行のごとき当時における貴紳の輩は、彼らを目して濫悪の僧、邪濫の輩と呼んでいる。清行自身はとにかくとして、荘園の名の下に天下の公地を押領し、民衆を苦しめてひとり栄華に耽った当時の貴紳富豪の輩の目から見たならば、彼らは実際濫悪の僧であり、邪濫の輩であったに相違ない。彼らは実に当時の落伍者であった。権門勢家の輩が天下の富を私して、公民その生を安んずること能わず、ことに当時の地方官の収斂誅求は極度に達して、いやしくも絞り取りうる事の出来るものは、寸毫も余すなしというほどのものが少くなかった。当時の諺にも、「受領《ずりよう》は倒れたる所に土をも掴《つか》め」という事があった。「受領」とは地方官の事で、地方官は「転んでもただでは起きるな」というのである。この地方官の虐政の事は、他日別に本誌上で詳説する予定であるが、ともかくもこんな有様であったから、諸国の公民は自らその公民権を放棄して出家する。これすなわち清行のいわゆる

「諸国の百姓課役を逃れ、租調を逋るゝ者、私に自ら髪を落し、猥りに法服を著く」とある者である。そして「此の如きの輩年を積んで漸く多く、天下の人民三分の二は皆是れ禿首の者なり」とまで言われていたのであった。清行のこの言はいかにも誇大に失するようではあるが、これは全く事実であった。清行は当時における課丁減少の例として、もと戸口の盛んなのを以て聞こえた備中国下道郡邇磨郷の実際を挙げている。この郷の戸口、天平神護年中右大臣吉備真備が郡領を兼ねた時の調査には、課丁一千九百余人の多きに及んでいたものが、九十四、五年後の貞観の初め藤原保則が備中介であった時の調査によるに、僅かに七十余人に減じていた。さらにその後三十余年の寛平年中に清行自身この国の介となった時の調査では、やっと老丁二人、正丁四人、中男三人、都合九人を残すのみとなり、その後二十年にも充たぬ延喜十一年藤原公利が介となった時には、一郷もはや一人の課丁もなくなっていたとある。天平神護中の千九百余人はおそらく課丁の数ではなく、一郷の全人口数を清行が間違ったものと思われるが、爾後百五十年間における減少の数字はまさに事実であったに相違ない。かくて清行は全国課丁の数を調査して、畿内五国と西海道及び奥羽二州を除いたほかの、五十箇国の課丁の総数が四十万に充たず、しかもその大半は帳簿の上のみでその身なきものだから、実際は十余万人に過ぎないと云っている。これも事実であったに相違ない。それは別項「男と子供の少ない戸籍」に見える通り、延喜二年における阿波国板野郡田上郷の戸籍残簡によるに、知る事の出来る人名総数五百四十六人の中で、男が僅かに六十二人、女が四百八十四人とある。すなわち男一人に対して女七人八分強となるのである。また同じ延喜八年の周防国玖珂郡玖珂郷の戸籍残簡によるに、人名を知りうべき総数三百四十七人中で、男が九十一人、女が二百五十六人とある。すなわち男一人に対して女二人八分強となり、この方は前者に比してはよほど成績のよい方ではあるが、それでもなお実際を距る事遠きは言うまでもない。そしてその戸籍に加わらない男子はどうなったかというと、中には事実逃亡して行衛を暗ましたのも少くなかろうが、多くは清行のいわゆる禿首の徒となって、家に妻子を蓄え、口に腥羶を啖い、形は沙門に似て、心は屠児の如き輩となっていたのである。これはいかにもはなはだしい悪口のようではあるが、これを沙門とし正面より見たならば、いわゆる肉食妻帯破戒無慚の僧侶として、そう言われても仕方がなかったのであろう。しかしながら、彼らはもとより心からの僧侶ではない。地方官の収斂誅求に堪えかねて自ら公民権を放棄し、形を沙門に托してその苦患を免れんとしたものであったから、肉食妻帯を憚らなかったのはけだしやむをえなかったのである。そしてこれ実に広義における濫僧であらねばならぬ。彼らはすでに公民権を放棄して除籍出家したものである。したがって彼らはもはや農民ではない。食を得んがためには何らかの職を求めねばならぬ。ここにおいてか各種の雑職に従事する法師姿の特殊民が起って来るのである。これは既に「民族と歴史」三巻五号の「俗法師考序論」に述べておいたから、ここには便宜説明を略するが、中にも横着な者は清行の言うごとく相聚って群盗をなし、ひそかに銭貨を鋳るというような悪事をなし、国司これを糺断すれば霧合雲集するという有様で、かなり当局者を困らしたものも少くなかったのであった。かくて安芸守藤原時善や、紀伊守橘公廉のごときは、彼らの襲撃に遭ってはなはだしく閉口させられたのである。これむろん国法上より云えばその罪人であったには相違ないが、その彼らを駆ってここに至らしめたものは、主として直接に国司の収斂誅求、間接に権門勢家の公地横領にあった事を忘れてはならぬ。そしてその最もはなはだしい落伍者は、郷里にも住みかねて流れて都邑の付近に来り、その都邑の人士のために雑役に服して、僅かに生活していたものである。彼らはすでに浪人である。いわゆる風来者である。もとより一定の住宅を有しない。さりとて今日のごとく貸家のなかった時代にあっては、場末の空地に小屋を作ってそこに住まねばならぬ。すなわち小屋者である。そしてその小屋者の居所は、京都にあっては賀茂川の河原や、清水坂、奈良にあっては奈良坂のごときもので、その居所の状況によって、彼らは河原者または坂の者などと呼ばれていた。すなわち河原乞食、坂の非人である。これを「民族と歴史」四巻三、四号に収めた、寛元二年の奈良坂・清水坂の非人訴訟の文書に見るに、彼らはいずれも非人法師であった。そしてその長とあるものを長吏法師といい、部下の者を小法師といい、各個人についても、吉野法師だの、近江法師だの、土佐法師だのと、たいてい出生地の国名、地名、あるいはなんらか因縁ある国名、地名を以てその名に呼んでおったのである。これらの徒は、むろん法師ではありながらも、如法の僧侶ではない。清行のいわゆる「家に妻子を蓄へ、口に腥膻を啖ふ、形は沙門に似て、心は屠児の如し」と言われたものであった。これすなわち狭義の濫僧である。これらの濫僧の中には、宿の者もむろん含まれていたに相違ない。大和の宿々はたいてい奈良坂の長吏法師支配の下にいたようである。宿の者については自分がかつて発表したところ、随分見当違いであった事を発見した。その語原はやはりおそらく守戸にあったこととは思うが、都邑の場末に住み着いた浮浪民の有力者、すなわち非人の長吏法師らが、新来の浮浪民をその部落に宿泊せしめて自己の部下となしたがために、古くあるシュコの語に宛つるに「宿」の文字を以てし、はてはその語が一般の同類に及んで、遂にいわゆる宿の者をなすに至ったものだと今では考えている。この事もいずれ本誌上で詳説するつもりであるが、要するに狭義の濫僧とは、この河原者・坂の者・宿の者等、各種の小屋者の総称であらねばならぬ。そしてこれら濫僧の中には、平安朝において国司の虐政の結果として、公民の落伍したもの、及びその子孫以外、前からの浮浪民の子孫の混入しているもののあるべきはもちろんである。これら浮浪民の事も、いずれ他日別に論ずる機会もあろうから今は言わぬ。

しかしながら、その狭義の濫僧の中にも、さらに最狭義の濫僧は、自ら遊芸あるいは労役に生活するの力もなく、都邑人士の慈悲善根に依頼して、食を求めて生活する徒であったに相違ない。いわゆる濫僧供とは、主としてこの種の乞食の濫僧に施行する慈悲善根の行為を云ったのである。

狭義の濫僧は屠者とともに、やはり河原者・坂の者・宿の者たる小屋者であった。屠者のことは他日別に言う予定であるからこれまた今は略する。さてその河原者と呼ばれたものは、京都にあっては多く賀茂川の河原に住んでいた。ここにおいてか「延喜式」の規定が必要になったのだ。

我が国では神社に触穢を忌む習慣があった。ことに賀茂神社にはこの禁忌がやかましかった。「延喜式」には賀茂斎院の忌詞とし、

死をナヲル　病をヤスム　泣くを塩垂《しおた》る　血を汗　完《しし》を菌《くさびら》　打つを撫つ
墓を壌《つちくれ》

と言わしめることを規定してある。斎院においては、かく穢れた事はこれを口にするだに

禁止したものであった。後の代までも僧形のものは賀茂の境内に入ることが出来なかった由である。維新前の様子を親しく実見したものの話に、たとい僧侶ならずとも、医師・俳諧師・茶道などの、頭を丸めて十徳を着けた類のものが境内に入らんとするには、前以て懐中にチョン髷を用意し、髷付油を以てそれをその坊主頭に着けたものであったという。承和十一年十一月四日の「太政官符」によるに、遊猟の徒が屠割の事によって、鴨上下大神宮の辺の川を汙穢することを厳禁するとある。また同年十二月二十日の「太政官符」には、愛宕郡内神戸の百姓を以て両大神宮辺の川原及び野を護らしめ、汙穢するなからしめたとある。さらに元慶八年七月二十九日の「太政官符」によると、神山四至の中で偸かに猪鹿を射るを厳禁せしむとある。またこれより先貞観八年五月には、下賀茂神社に近いという理由を以て、神楽岡辺側の地に葬る事をまでも禁じたのであった。かくのごとく賀茂の社は特に触穢禁忌のやかましかった所で、しかもその下鴨神社は、近く賀茂川・高野川合流の地点にあるがゆえに、自然河原者が来ってその付近に住みつきやすい。ここにおいてか特に「延喜式」において、たとい神社四至の外といえども、付近の河原にはこれら汙穢の濫僧・屠者の輩の小屋を構えて住むをえずとの規定の必要があったのだ。

「延喜式」には濫僧と屠者とを別々に掲げて、ともに穢れた者と言っている。しかるに鎌倉時代に至っては、世人は彼らが同じく汙穢の輩であるのゆえを以て、これを同視して区別しなくなったようである。「塵袋」にエタは屠者すなわちエトリを略したもので、子細を知らぬ者はこれをラウソウとも云ったとの事を記してあるのは、当時世間が両者を通じて呼んでいた証拠である。この後濫僧の語はいまだ管見に入らぬ。しかし地方の俗諺にはまだ久しく遺っていたものとみえて、自分らの子供の際、郷里の阿波の南方においては、みすぼらしい姿をしたものを見た時には、オローソウみたようなと云って形容したものであった。この頃帰省してみてもあまりこの種の語を耳にせぬ。子供らはむろん知らぬ。僅か四、五十年間にはや死語となりかけたものとみえる。

濫僧考補遺

本誌三月号（九巻三号）に「濫僧考《ろうそう》」と題して、社会の落伍者が沙門の姿に隠れて、賤職に従事しつつ世を渡ったことを述べ、それを鎌倉時代にはエタと同視していた次第を明らかにしておいた事であったが、その後さらに二、三の資料の存在に気がついたから、いささか前文の不備を補っておく。

濫僧はもちろん沙門である。したがって法師と呼ばれてはいたが、実は三善清行によって「形は沙門に似て、心は屠児の如し」と言われたように、普通の沙門の仲間には入れられないものであった。彼らは京都にあっては普通に賀茂の河原や東山の坂の空地に小屋住まいをしていたものであったが、その身に穢れありと認められて、賀茂神社付近の河原には、屠者とともに住居を禁じられていた。さればその犯罪処罰の場合にも、その扱いが普通の僧侶とは別であった。西宮左大臣源高明の「西宮記」臨時十一に、

僧犯罪触レ類有二加減一。須下依二還俗之法一、注二姓名一、勘中僧時之犯科上也。或以二告牒一可レ当レ徒止二一年一。而年々勘文、具不レ戴二其由一。只以二俗法一勘レ之如レ此。濫僧偏准二凡人一歟。

とある。僧の犯罪については「大宝僧尼令」にその規定があって、まずこれを還俗せしめて後に処刑する事になっていたが、濫僧に至っては同じく法師であるとは云え、「偏へに凡人に准じて」還俗の手続きなどを要しなかったものらしい。これは彼らが本来私度の僧で、「私に自ら髪を落し猥りに法服を著け」たものであったから、国法の上ではこれを僧侶とは認めなかったのだ。しかし私度の僧がすべていわゆる濫僧であった訳ではなく、その中に特に下賤のもののみを言ったもののようであるが、その境界が明らかでない。

鎌倉時代に仔細知らぬものがエタを濫僧と云ったと「塵袋」にあるが、彼らはまた実に非人法師であった。藤原定家の日記「明月記」嘉禄元年三月十二日条に、

南京下人説云、奈良北山濫僧長吏法師（非其病、容儀優美法師）仮二例人姿一、発二艶言一、掠二取尋常家々女子一、已及二三人一之間、漸有二事聞一、欲レ焼二払其住所一之間、欲二迯去一。遂斬二其首一、懸二路傍一云云。就レ中信宗法印信弟子僧都最愛娘（生年十三）、住所焼亡之中

不レ知二行方一失レ之。監二此時一返二送之一。云云。末代事、付二視聴一、驚二耳目一歟。

とある。奈良の北山非人の事は、「民族と歴史」四巻一号（大正九年七月発行）に、寛元二年及び元亨四年の文書を引いて、いささか説明しておいたところであったが、その寛元二年を距る十九年前の嘉禄元年の日記に、その非人法師を明らかに濫僧と云ってあるのは面白い。橋川正君によって学界に紹介せられた「感身覚正記」によると、文永六年に西大寺の叡尊（興正菩薩）は、この北山に非人供養の施場を設けた。同年の条に、

二月二十三日為レ、営二施行事一、移二住般若寺一。三月五日点二当寺西南野一（五三昧北端）為二施場一。課二北山非人一令レ正二地形之高下一、又兼仰二長吏一、召二諸宿非人交名一、十一日出レ之。此供養間作法、別有二性海比丘一巻記一。仍略レ之。

とある。これいわゆる濫僧供《ろうそうく》なるもので、その施場は後の北山十八間戸の起原をなしたものだと言われている。北山十八間戸とは、般若寺坂における癩病患者収容所で、旧幕時代までも継続し、その建物は今に遺っている。しかしいわゆる北山非人の部落は、叡尊のこの施場から起ったものでなくして、前から既に存在していた非人群集の場所を選んで、叡

尊がここに施場を営んだのであった。そしてそのいわゆる非人はやはり癩病患者が多かったものと思われる。それは右の「明月記」の文に、美貌と艶語とを以て良家の女子を誘拐した長吏法師を、特に注して「其の病にあらず」と云っているので知られる。そしてそれを濫僧と云っているのは、当時エタも、非人も、濫僧も、その間区別のなかったものたることを示しているものだ。

これらの濫僧に対して、施行すなわち濫僧供のしばしば行われた事は、前考にも述べておいたが（九巻二号二頁）「執政所鈔」三月十五日春日御塔唯識会始事の条に、人供の中に、

始年濫僧供十石、放生会料一石。自㆓次年㆒被㆓停止㆒了歟。

とある文を見出でたから、ここに補っておく。この書は鎌倉時代寛元四年に書いたもので、前記奈良坂非人法師と清水坂非人法師との間に悶着のあった頃に当る。この際春日において行った濫僧供は、主としてその北山なる奈良坂非人法師に対して行われたものであろう。濫僧とは通例非人法師に対する称呼であるが、婦人すなわち尼法師にも、やはり古くこの徒があった。清少納言「枕草子」「物のあはれ知らせ顔なるもの」の条にこれについて面白い記事があるから、平安朝の彼らの生活状態の一斑を知るべき参考として、左に抄録

しておく。

二日ばかりありて縁《えん》の下《もと》にあやしき者の声にて、「猶其の仏供の撤下物《おろし》侍《はべ》りなん」と云へば、「如何で速《まだき》には」と答《いら》ふるを、何の言ふにかあらんと立ち出でて見れば、老たる女の法師の甚《いみ》じく煤けたる狩袴の、筒とかやの様に細く短きを、帯より下五寸ばかりなる衣《ころも》とかや言ふべからん、同じ様に煤けたるを着て、猿の様《さま》にて言ふなりけり。「あれは何事言ふぞ」と云へば、声引きつくろひて、「仏《ほとけ》の御弟子に候へば、仏の撤上物給《た》べんと申すを、此御坊《ごばう》たちの惜み給ふ」と云ふ。花やかに優《みや》びかなり。かゝるものは打ち屈《く》んじたるこそ哀なれ。うたても花やかなる哉とて、「異物《こともの》は喰はで、仏の御撤下物をのみ喰ふか、いと貴き事かな」と云ふ気色《けしき》を見て、「何《な》どか異物も食べざらん、それが候はねばこそ取り申し侍れ」と云へば、菓物《くだもの》、広き餅《もちひ》などを物に取り入れて取らせたるに、むげに中善くなりて、万《よろづ》の事を語る。若き人々出で来て、「男やある、何処《いづこ》にか住む」など、口々に問ふに、をかしき事、添へごとなどすれば、「歌は歌ふや、舞ひなどするか」と問ひもはてぬに、「夜は誰とか寝ん、常陸の介と寝ん、寝たる肌もよし、（これが末いと多かり、又）男山の峯の紅葉は、さぞ名に立つや〳〵」と、頭を転《まろ》がし振る。いみじく憎くければ笑ひ憎みて「往ね〳〵」といふもをかし。

尼法師が仏供の撤下物を所望し、卑猥なる歌を歌い、身振りおかしく打ち躍るは、目に見えるようではないか。各種の遊芸人が多くかかる濫僧から出て来た次第は、以て想像するに足るであろう。かくて田楽法師や猿楽法師など、いずれもこの落伍者なる濫僧に端を発し、はては後世俳優を呼ぶに、河原乞食の称を以てするにも至ったのである。

特殊部落ということについて

まず部落としての集団的取扱いを廃せよ

余輩がさきに「特殊部落研究号」（本誌二巻一号）を発行して、いわゆる特殊部落なるものの由来沿革を明らかにし、彼らが決してことに疎外排斥せらるべき性質のものにあらざる所以を説明すべく試みた事は、読者諸君の今なお耳目に新たなることと信ずる。当時紙数の制限と、編纂期日の束縛とによって、説いて委曲を悉《つ》くす事能わず、研究またすこぶる不十分で、後の訂正増補を要すること少くなかったにかかわらず、幸いに読者諸君の甚大なる注意を促すことを得て、爾来これに関する感謝・賞賛・希望・鞭韃等の書面や、研究報告の論文記事等の原稿は、積んで編者の机上にうずたかきをなすに至った。これが為に余輩の研究上裨益するところ甚だ多きを致したのは、余輩の深く感謝するところである。ここにおいて余輩は、さらに他の一般特殊民に関する諸研究をもこれに合せて、早晩前者の姉妹篇とも云うべき一つの増大号を発行し、以てこれら篤志家各位の好意に酬いんことを予期して、しばらくこの方面に関する論説記事の掲載をなるべく差控える方針をとっておった。しかるに不幸にして近時余輩の有する余暇と余輩の健康とは、当分かくの如き増大号の頻繁なる発行を見合すべく余儀なくせしむるに至ったが為に、余輩は前々号以来、俗法師の研究を始めとして、再びこれら特殊民に関する雑多の研究報告を、断片的に本誌普通号上に分載発表することとした。これまた既に読者諸君の御注意に上った事と信ずる。願わくは熱心なる同好諸君、余輩のこの挙に賛して、ますます各地における各種特殊民の過去現在の状況に関する有益なる報告を寄せられて、余輩の研究を助成し給わんことを。

過去における特殊民は、その関係するところすこぶる多方面に渉っている。今日いわゆる特殊部落なる旧エタ及びその類似の諸部族の如きは、過去におけるその多数の特殊民中の一小部分たるに過ぎないのである。しかもその多数の特殊民が、何ら社会の疎外排斥を受けざるのみか、かえって世人の尊敬憧憬の標的となっているものも少からず存在し、もしくはかつて幾分疎外排斥を受けていたのであっても、今日では既にその事実がほとんど忘却せられて、社交上何らの区別を見ることなく、公々然として天下の大道を横行闊歩しているものの甚だ多きにかかわらず、もとそれらと同じ流れを汲んだいわゆる特殊部落なるものが、今に至ってなおひとりその後に取り残されて、この広い世界を狭く渡らねばならぬということの不条理なるは、何人も異議なきことであらねばならぬ。旧時のエタが特に疎外せられたのは、前号所載の「エタと皮多」に論じた如く、彼らが肉を喰い皮を扱うの皮多であったが為である。彼らの肉を喰い皮を扱うの所行が、穢れた業である、神明の忌み給うところである、常人の近づくべからざるものであるという迷信誤解が、彼らが特に他の各種の特殊民に比して、甚だしく疎外排斥せらるるに至った理由のすべてである。しかるに今日においては、何人か肉を喰い皮を扱う事を以て、穢れた所行となすものがあろう。しかもなお彼らが一般社会に容れられないということは、ただ因襲の結果に拠るのみだと言わねばならぬのである。

しからばいかにしてその因襲を打破すべきか。これは余輩が既に説いた如く、世人をして彼らを区別することの何ら理由なき次第を知らしめ、彼らをしてよく自己の由来を覚知し、反省自重せしむるによることは言うまでもないが、さらにこれにも増して急務とすべきは、まず何々部落という総括的名称の下に、彼らに対して集団的取扱いをなす事を全廃するのにあると信ずる。

熱心なる読者諸君から余輩に寄せられた多くの意見の中にも、特殊部落とか細民部落とかいう区別を撤廃したいという希望がすこぶる多い。これ実に余輩の全然同感とするところである。さきに日本魂社からも、またこの意味の論文を寄せんことを請求せられた。これ余輩のかねて希望するところであったから、早速筆を執って「特殊部落区別撤廃の要」と題する一小篇を起稿し、その論文はただちに客臘十一月発行の「日本魂」誌上に登載せられた。ところがこれを読まれた本誌読者の或る人は、その文が時節柄極めて必要であるから、それを本誌上に転載して、広く本誌読者の一覧に供することにしたいという希望を寄せられた。これまた実に余輩の欲するところである。すなわち左にその要を摘録して、いささか蛇足を付加したいと思う。

1　緒　言

私がここに特殊部落というのは、近ごろ内務省あたりで細民部落と云い、往時はエタと呼ばれて甚だしく賤視せられた皮作《かわつくり》の部族、及びこれに類似のもので、今なお世間からは特殊なるものとして、普通民との間に或る区別を立てられている或る一部の同胞を指すのである。

私は根本において、政府なり世間なりがこれらの同胞を、特殊部落だとか、細民部落だとか云って、区別するのがよろしくないという意見を有しているものである。しかるにここに本編において、自ら「特殊部落」という名称を用いているのは、すこぶる自家撞着の嫌いがあるが、それは説明上やむをえぬ事として、しばらく御容赦にあずかりたい。そしてこれを説明した結果として、政府からも、世間からも、これを特殊部落だの、細民部落だのとして区別することが、人道上甚だ不条理であるのみならず、社会政策上にも甚だ不利益である所以を暁《さと》らしめ、ついにはこれらの語をして、永久に死語たらしめたい希望を有しているのである。

2　特殊部落を区別することの悪結果

いわゆる特殊部落は、時に或いは後進部落と言わるるまでに一般社会の進歩から後れている場合が多い。もちろん中には学識名望を有し、欽仰すべき人格を備え、社会の先覚者として尊敬すべき程の人士もないではないが、概して言えば世間一般に比して、すこぶる後れているのが多いのは事実である。彼らはまた時に細民部落と言わるるまでに、貧乏なのが多数である。ここにおいてか衛生状態にしても、日常生活の程度にしても、また風儀なり性格なりの上においても、幾多の改善を要し、救済を要する事項がある。されば政府の当路者を始めとし、民間の篤志者同情者の間において、特殊部落改善、細民部落救済の声が、盛んに繰り返され、また既に着々実施されているのであり、またその実施の為に、既に改善せられ救済せられたものも少からぬ情勢にある。これまことに結構至極の事で、明治大正の昭代の慶事として、欽仰すべき行為だと信ずる。これを人道の上から云っても、社会政策の上から云っても、正にしからねばならぬことである。しかしながらさらに翻ってこれを考えてみると、これを特殊部落なり、細民部落なりとして、改善し救済する事は、はなはだ以てよろしくない。何となれば、世間が彼らに対して甚だしく偏見を有し、これを疎外排斥するについては、必ずしも彼らが不潔で、貧乏で、風儀や性格がよろしくないものが多いというのが、その全部ではないからである。これらの欠点も、もちろん彼らが疎外排斥せられる原因の一つをなしているのではあるが、社会の彼らに対する偏見は、これらよりもさらに深い、さらに大きなものが、外にひそんでいることを忘れてはならぬ。したがってそのさらに深い、さらに大きな原因が除去されずしては、単に衛生状態や、風儀や性格やを改善し、また彼らが相当の貯蓄をして、もはや細民部落というような有難からぬ称号を返上する事が出来たにしても、彼らは依然として改善されたる特殊部落として、永く社会の疎外排斥を全然免れるという事が、出来なかろうと思われるからである。

大体今の世の中に、特殊部落などというものが存在するということは、一向いわれのないことである。エタ非人の称は明治四年に廃止せられて、従来は公民として扱われておらなかった彼らの仲間も、爾来は押しも押されもせぬ立派な帝国臣民である。国民としてのあらゆる権利義務を付与されているのである。しかしながらこれは単に国法上からのみの事であった。政府は立派にその区別撤廃を命じても、一般社会は事実上これを容認しない。彼らは新平民という別の名称を以て、依然として区別せられた。したがって彼らは、国法上国民としての義務はことごとく普通民と同じく負担しながら、社会においてはほとんど国民として権利の行使を許されない場合が多い。しかも彼らは国法上の区別撤廃とともに、従来有しておった種々の特権や、独占事業は奪われてしまった。従来彼らはその特権と独占事業とによって、世間から擯斥せられながらも、ともかくも安穏に生活していたのであったが、それから後は甚だしく生活上の脅威を免れなくなった。彼らがますます淪落の淵に沈み、いわゆる細民部落をなすに至ったのは、その原因主としてここにあると言わねばならぬ。

　彼らは特殊部落として区別せらるるが為に、自由にその住居を選ぶことすらも困難である。彼らは特殊部落として区別せらるるが為に、営業選択上種々の不便不利益を被っている。彼らは教育を受けるにしても、娯楽を求めるにしても、社会に地位職業を求めるにしても、いつも特殊部落として区別せらるることが累をなして、これが為に彼らの受くる苦痛と不愉快とは、実に夥しいものである。これから生み出す幾多の悲劇は、私がここに列挙するまでもない。彼らは社会の地位を得んが為には、必ずその素性を隠さねばならぬ。そしてその暴露を恐れて、常に戦々兢々たるものがある。これが為に神経衰弱に陥る。暴露したが為に自殺したとか、自暴自棄になったとかいう実例すら、決して少くないのである。世人はよく、部落民が一致団結して社会に反抗するという。事実上彼らの一人が普通民から凌辱をでも受けた場合に、一部落こぞって囂々《ごうごう》としてその報復を試みる場合が少くない。しかしながらこれは、彼らが社会の圧迫に対する避け難き手段であらねばならぬ。言わば生存の為の正当防衛である。世人はまたよく、部落民の根性が曲っているという。品性が下劣だという。事実上これを一般普通民と比較したならば、平均したところで或いは、この傾向の認められる事が無いでもなかろう。しかしながらこれは、世間の彼らに対する多年の圧迫が、彼らを駆ってここに至らしめたものであることを忘れてはならぬ。世人はまたよく彼らに貯蓄心がなく、たまに金銭を得ればただちに酒食賭博に浪費し、毫も生活を改善するの意思がないと云って咎める。これまた事実上一般普通民に比較したならば、平均してこの傾向があるのかもしれぬ。しかしながらこれまた世間の圧迫が、彼らをしてこの窮地に陥らしめ、遂には自暴自棄の結果として、稀に得らるるこの低級の快楽に満足せしめ、習い性となって、劣等の生活をもさまで気にせぬようになった事を忘れてはならぬ。彼らは実に社会における継子である。無垢無邪気なる天真爛漫の可憐の児童も、邪見無慈悲なる継母の手に大きくなっては、時にいわゆる継子根性を生ずると同じように、彼らは世間の邪見無慈悲なる継母の毒手にかかって、ついにこの継子根性を養成されたのであらねばならぬ。かくの如くにして、どうして彼らは社会の進歩に並進する事が出来よう、どうして彼らが富裕なる生活を遂げる事が出来よう。彼らが後進部落と言われ、細民部落とも言われるに至るのは、まことにやむをえぬ次第ではないか。ことに彼らは、部落間の固い団結によって、僅かに社会の圧迫に対抗し、その脅威から免れているのであるから、容易にその部落から離れて、任意の地に分散住居する事が出来ぬ事情がある。また特志のものが大勇猛心を起して、他に住居の地を卜し、任意の職業に従事しようとしても、地主がその素性を知った以上、容易にこれに応じない。よしやそれが求め得られたとしても、いつしか隣人の疎外に堪えかねて、遂にもとの古巣に帰って来るのが普通である。かくて彼らは限られたる狭い範囲に、いわゆる貧乏子沢山の諺に漏れずして、盛んに繁殖する子弟を包容するが故に、その住居はますます狭隘となって、いわゆる密集部落を形づくるに至るのである。かくの如くにして彼らの生活は、ますます困難となる。衛生の清潔のというが如き贅沢な問題は、到底望むべからざることで、世間との距離はますます遠くなる。これが為に彼らはますます疎外排斥せられる。果が因を生み、因が果を結び、ついに甚だ気の毒なる状態になってしまったのである。そしてこれ実に、主として彼らが特殊部落として区別せらるるが為に生じた悲劇であらねばならぬ。

3　特殊部落の人口増殖とその将来

実際彼らの増殖率の多いのは驚かずにおられぬ。明治四年エタ非人称号廃止の頃の彼らは、その数僅かに三十余万に過ぎなかったのであるが、それが今日では百二、三十万にも達すると言われている。過去四十八年間、一般世人が三千三百万から五千七、八百万まで、すなわち七割五、六分を増す間に、彼らは実に約四倍の多数にも達しているのである。かくの如き増殖率の著しい相違は、徳川時代を通じて行われたもので、これ実に彼らが生活の困難を来し、国法上、また社会上、甚だしい圧迫を受くるに至るの原因を為したものであった。そしてこの現象は維新以後に継続し、将来もまた或る期間は実現せらるべきものである。その結果が果していかに成り行くであろうか。人類は生きんが為には、また自己権力の擁護の為には、往々手段を択ばず猛進せねばならぬ場合がないでもない。これは世界歴史、特に世界現在の風潮が立派にこれを明示しているのである。彼らの人口が少く、社会の圧迫に閉塞している間は、単に人道上の問題だけですむ事ではあるが、彼らがかくの如き勢いを以て、今日の多数を致し、その結果彼らがいかに苦しき淵に沈んでいるかの現象を見て、さらに将来の人口増殖の結果に考え及ぼしたならば、これは単に人道上の問題のみでなく、社会上の大問題として、真面目に考えねばならぬ事であるは言うまでもなかろう。

百二、三十万という人口は、内地人の総数に比して実に約五十分の一にも相当するの多数である。その中にも特にその濃厚なる上方地方にあっては、総人口数の十五、六分の一から、二十分の一内外のところさえも少くない。そしてこれらの地方においては、彼らに対する疎外排斥の念は一層甚だしいことを認める。しかもかくまでに多数を占むる我が同胞を待遇するに、いつまでも不条理なる偏見を以てするということは、実にゆるがせにすべからざる、大問題である。世界に向って人種差別撤廃を呼号している我が国民として、依然これを放任するという事は、内に省みて自ら忸怩たるものがなければならぬ筈である。

4　特殊部落区別撤廃の方法

明治四年にエタ非人なる称号が廃止せられて以来は、特殊部落なるものはもはや存在してはならぬ筈である。しかるにもかかわらず一般社会に容認されずして、今なおこれを区別しているのは、確かに国家なり、社会なりの罪である。しかしながら多年の因襲は、そう一朝一夕にして除去せらるべきものではない。これに対して私は、何よりも先に特殊部落とは本来何物ぞや、何が故に世間から区別せらるるに至ったか、今もなお区別すべき理由ありやとの事項を明らかにして、彼らが本来普通民と民族上区別すべきものではないこと、過去において世間がこれを区別したのは確かに迷信の上に築き上げられた誤解であったこと、そして今日では立派にその迷信誤解は除去されているのであるから、もはや全然これを区別するに及ばぬものであるとの事を了解せしめるを以て最も必要な事と信ずる。世人がよくこれを了解したならば、彼らを疎外するの念は漸次薄らぐべきである。彼らがこれを了解したならば、自重して自ら改善するにも張合いが出来て来る筈である。そして一方では、国家なり有志者なりが、依然特殊部落などの語を以て区別していることをやめて、全然区別のないものにしてしまうのである。かくの如くにして双方間の融和同化は、期して俟つべきものであろうと思う。

人或いは彼らの現状が、国家なり有志家なりの差別的待遇を余儀なくせしめるという。なるほど多年の疎外圧迫によりて、気の毒にも淪落の底に沈んでいる彼らに対しては、国家なり有志家なりから、これが改善救済の方法を講ぜねばならぬ。ここにおいてか折角エタ非人の称号が廃せられ、少くも名義上何ら区別のない筈の彼らに向っても、やむをえず特殊部落とか細民部落とかの名称を設けて、これを調査しこれを研究するの必要が生じて来る。或る区別の下に改善救済の法を講ずるの必要があるという。これは確かに理由のあることで、私が今本編において、特殊部落として彼らを区別するの不可を呼号しながら、なおかつうるさくもこの語を繰り返しているというのは、説明上実際避け難いところなのである。この理由において我が政府でも、一旦区別的名称を廃しながら、なお別途の区別的名称を考案し、一般社会が初めは新平民と云っていたものを、それがよくないというので特種部落とした。しかし必ずしも、彼らの種族が違うという証拠もなく、いたずらに彼らをして不快の念を生ぜしむるのに省みてか、さらにそれを特殊と文字を取りかえた。が、それでも彼らの嫌がるのは同様なので、内務省あたりではさらに細民部落と呼びかえている。しかしこれはむしろ侮辱的の名称である。そこで何とか差障りのない名に改めたいとて、或いは後進部落とか、密集部落とか、いろいろの名称を工夫する人があるけれども、それがやはり新平民である以上は、何と改めても同一である。たとい紳士部落と呼んでも、貴族部落と呼んでも、結局同一である。彼らが筋の違ったものであるという偏見が除かれない以上は、何と改めても同様である。いかに物質的形式的に改善されても、世間の偏見は依然として存在すべきである。ここにおいてか私は、まずその区別を去ることを急務と信ずる。実際彼らの仲間に細民があるならば、その細民のみを普通民中の細民を見ると同一にみたいのである。実際彼らの仲間に品性の悪いものがあるならば、その品性の悪いもののみを見ること、普通民中の品性の悪いものと同一でありたいのである。したがって国家なり、有志家なりが、彼らに対して改善救済を行うに当っては、全然特殊部落とか、細民部落とかいう区別的の取扱いを廃し、普通民間の落伍者に対する救済改善と同一にして、実行してもらいたいのである。

実際特殊部落民中には、もはや改善救済の要のないのが甚だ多い。そして普通民間にも、事実上改善救済を要するものが甚だ少からんのである。そこで私は、国家なり有志者なりが、これが改善救済を講ずるに当っては、彼と此《これ》とを全然ひとまとめにして取り扱い、名称上、また実際上、その間何らの区別を設けぬようにありたいと思うのである。かくすれば部落民間にも、初めからこのお世話に与らぬものは、全然その仲間から除外されているものたる事が明らかになる。また現に救済改善の恩典に浴しているものは、一日も早くその仲間から除外されて、普通民と同じく立派な国民として認められようとするの、奮発心を起すという次第にもなるべきである。さらにまた普通民間の落伍者にして、その細民であり、品性が下劣であるが故に、彼らの仲間と同じ程度のものと一所にして、扱われるのを不愉快とする者がもしあるならば、これらも自ら奮発して、その仲間から脱出することに努力すべき筈である。同じく救済を受け、同じく改善を図ってもらうような社会の気の毒なる落伍者間において、特殊部落民と普通民との間に区別をなすということは、これを国法上からみても、人道上から考えても、毛頭理由のないことであるのみならず、その結果において甚だしい不利益を来すべきものである。この理由からして私は、まず彼らに対して好意を有する政府なり民間有志家なりが、率先して一日も早くこの区別的取扱いを廃してもらいたいと思う。しからばその改善救済をなすに当り、いかなる名称を以てこれを呼ぶべきか。私は既に内務省の用いている、細民という名にしたい。これを細民部落というのはいかにもよろしくない。どうで国家なり有志家なりの改善救済のお世話になるものは、細民たるに相違なく、いわゆる細民部落中には、もはやお世話にならぬものが多数にあるのであるから、これを一括して部落とする必要はない。その部落中の細民のみを択んで、普通民中の細民と合して、細民改善、細民救済で十分である。これを部落とすれば、事実細民ならぬものもその仲間に包括せられているから、真の細民が改善して、もはや細民ではなくっても、いつまでもなおその部落民たるの差別的待遇を免れぬが、これを単に細民とすれば、もはや細民でなくなれば、立派にその仲間から脱退することが証明せられて、努力するにも励みがつくというものである。

かくの如くにして、一方には全然彼らを区別せぬという模範を示すとともに、一方には文書なり講話なりの方法によって、民族上彼らは区別すべきものではない、彼らの堕落の境遇にいるのは、誤解上から起った社会の圧迫の結果であるということを、一般世人なり、部落民なりに了解せしめて、一般世人をしては自ら反省して、彼らに同情するの念慮を高からしめ、部落民をしてはよく自覚して、各自発奮するの機会を捉えしむるようにしたい。かくの如くにして始めて完全なる融和は望みえられるのである。

——(下略)——

右は単にその要項を摘録したに過ぎないのであるから、全文の必要を認められる方があるならば、願わくは「日本魂」客年十一月号(四巻十一号)について見ていただきたい。

区別的名称の撤廃は絶対に必要である。しかしながらその撤廃をして有効ならしめるには、彼ら自身において自ら発奮興起し、普通民と社交上において並進しうべきまでに改善するところがあらねばならぬ。否彼らは、従来世人から軽侮せらるるの来歴を有していたものであるから、それと相殺すべく普通民以上に向上するの覚悟を有せねばならぬ。しからざれば折角の差別撤去も再び無効になってしまうの虞《おそ》れがないではない。

明治四年にエタ非人の称を廃した当時の当路者の意見では、後に至って彼らの或る者を、特殊部落だとか細民部落だとかの名称の下に、或る特別の扱いをなすべく予想してはいなかったに相違ない。しかるに彼らは、その原因はともあれかくもあれ、実際上彼らは区別せらるるの余儀なき状態にあったのであるから後の当路者をしてやむをえず或る名称の下に、これが救済改善の途を講ぜねばならぬ次第となってしまった。

これを李朝朝鮮の実例についてみるに、朝鮮においては世宗王の時に当って、我が旧エタにも比すべき才人、禾尺の名を廃して、普通民の称呼なる白丁を以て呼ばしめた。これはあたかも我において、エタ非人の称を廃して、普通民と同じくし、平民に伍せしめたと同一の処置である。しかるに旧来の普通民たる白丁等は、これと同一に呼ばるることを潔しとせず、誰言うとなく彼らを以て、新白丁と号した。これはあたかも我において、旧エタを呼ぶに新平民の称を以てしたと揆を一にするものである。ここにおいてか政府はさらに厳命して、彼らを新白丁と称することを禁じ、どこまでも白丁の名称を強行せしめた。

しかしながらこれまた無効であった。普通民たる旧来の白丁等は、彼らと区別すべく自ら白丁たるの旧称を捨てて、もっぱらこれを彼らのみに付与し、遂には白丁とだに云えば、これただちに才人・禾尺のことと解せられ、今ではもと普通民の称であった白丁の名が、賤称として迎えられることになってしまっているのである。この事は京大助教授今西文学士が、「芸文」(大正七年四月号)誌上に詳説せられたところである。内容が改まらねば一旦差別を撤廃しても再び他の差別が起って来る。余輩は当路者なり世人なりに対して、特殊部落とか細民部落とかいう総括的名辞を撤廃するを希望するとともに、彼らに対してもまた一大奮発するところあらんことを希望せざるをえぬ。

同時にまた、余輩は彼らに対して自ら集団的観念を除くことを勧告する。世間から集団的にこれを遇することの不可なるはもはや云うまでもない事であるが、彼ら自身に集団的観念の深い現状では、いかに世間がこれを廃してもやはりもとの杢阿弥である。彼らは世間の圧迫に反抗すべく結束を固めるの必要があるであろう。したがってその結束を解いでは、一時悲境に陥る場合がないとも云えぬが、彼らが部落の人ではなく、自ら帝国臣民の一員であることをよく自覚して、各自他その立場を求めるの覚悟が欲しい。愛郷心は我らの常に尊重するところであるが、特にこの場合においては、むしろケチの付いた部落を解散して、社会から消すくらいの覚悟を以て、帝国の一員として働くの決心が必要である。

解説　喜田貞吉――頑固者の賤民研究

塩見鮮一郎

1　人となり

どれほどの人が知っているのか。いかほどの人が関心を寄せられておるのか。それがはっきりとしないので、かれについて書くのがむずかしくなる。柳田国男《やなぎたくにお》についてなら、もう『遠野物語』の、あるいは『海上の道』などの著者で、さらに、民俗学を近代に根づかせ、独創の「常民《じょうみん》」という概念をひろめた、となる。しかし、同時代を並走したかれ、喜《き》田貞吉《たさだきち》にはそういうものがない。七、八十年もまえなら、「法隆寺再建論争《さいこん》」の一方の旗手とか、「南北朝正閏《せいじゅん》問題」で詰め腹を切らされた文部官僚といった程度の知識は、新聞紙上を借りて、かなりひろく共有されていた。

かれには代表的な著書がない。ジャーナリスティックな発言をするので、書肆《しょし》としては一冊の本にまとめたい。依頼すると、このテーマに関する研究はまだ充分ではなく、もうすこし時間をください。実際、古代史や民族の形成、蝦夷《えみし》の研究、部落に関する論稿は、数年をまたいで、とびとびにつづく。

探究は進行中だというのは正論だが、それをいえば、すべての学徒が同じ状態にいる。未完未熟とわかっていても世に問いかけて意見を聞き、つぎのステップにすすみたい。そのような学者を言外に批判することにならないか。喜田の場合は、弁明の言葉よりもさきに、当人の体質があった。性癖《せいへき》といってもいい。腰の重い頑固者。弥生時代からつちかわれた列島の農民気質である。喜田はそれを沢庵《たくわん》の漬物石のように腹の底に置き、そこから、軽佻浮薄なモダンボーイの先生たちにむけて、きびしい批判の矢を射つづける。

幼少時の環境や体験が関係していた。

徳島駅から牟岐《むぎ》線に乗り、十二キロほど南下する。立江《たつえ》駅には、四国霊場十九番の札所《ふだしょ》の立江寺がある。さらに西へ三キロほど行くと、櫛渕村《くしぶちむら》（現・徳島県小松島市櫛渕町）になる。喜田貞吉の生誕の地だ。家族と寺子屋の先生の期待を一身に浴びて、おだやかな少年時代をすごしたが、徳島市の中学校に入ると一変する。「郷中者《ごうちゅうもん》」とからかわれ、「百姓」「ちび」「鼻べちゃ」と、いじめの集中砲火をあびる。もう学校へ行きたくない。第三高等学校が誕生すると、そこの試験を受けて中学から逃げた。

この時期の屈辱が、喜田をがまんづよい頑固者にした。時代の本流からはずされてもくじけない。郷中者と言われて、たじろぐことはもうない。農民はふるくは「オオミタカラ」と呼ばれた。「オオミタカラは、［大御田族《おおみたから》］で、天皇の大御田を耕す仲間ということであろう」と、本書の初めのほうに書いている。「大御宝」と表記できないのを残念がる口調が見え隠れする。

帝国大学（東京大学）に入ったのは、一八九三年（明治二十六年）で、数えで二十三歳。国史科をえらんだ。文部省の図書科に席を得たのは三十一になってからで、数年のフリーターの期間がある。在野の歴史学者と語らって、雑誌「歴史地理」を創刊し、そこに研究論文を掲載する。

入省してまもなく国定教科書を作成することになり、喜田は小学生用の歴史と地理を担当して九冊を書いた。教科書が使われ出してから六年ほどが経って、歴史の教科書に南北朝が並立されている。不敬ではないかという批判が起こった。喜田にしてみれば、北朝の天皇を「賊あつかい」にしたくないので並立しただけで、だれよりも天皇を尊崇している。大逆事件の起きた一九一〇年（明治四十三年）のことで、世間の空気はぴりぴりしている。関係者のだれかを人身御供《ひとみごくう》にしなければおさまりがつかない。

渦中の人は、一九一三年（大正二年）に京都帝国大学の専任講師に転じた。一九二四年（大正十三年）には、東北帝国大学の講師にもなり、東京の自宅から西へ北へと通う多忙な日をすごした。一九三九年（昭和十四年）、直腸がんの手術を、御茶ノ水の順天堂医院でおこなったが、もう手のほどこしようがなかった。享年は数えの六十九。遺骨は櫛渕村へ運ばれ、墓は生家の裏山にある。

2　その仕事

櫛渕村の野人《やじん》は、関心のおもむくまま、きわめて多方面の分野で活躍する。文献学と言っていいのかどうか、たとえば、本書収録の「濫僧《ろうぞう》」という存在に興味をいだくと、古書古典をひろく渉猟《しょうりょう》して、使用例を引いてくる。喜田の文章にはリズムがあって読むのに苦痛はないが、引用がつづくと煩雑《はんざつ》になる。「濫僧」という語は、やがて史書から消える。喜田は気がつかなかったが、僧侶のまねをして、やぶれた袈裟《けさ》をまとい、喜捨《きしゃ》を乞う人は絶えない。江戸の巷《ちまた》にもあふれ、各種の風俗画に描かれている。「願人坊主《がんにんぼうず》」こそが、その末流であって、「濫僧」とむずかしく書こうが書くまいが、どの時代にもいた乞食坊主だ。

二十年ほどまえ。前世紀の末、喜田貞吉について、分かりやすい本を書くよう依頼された。当人の手で代表的な論作すらまとめられていないのに当惑した。逡巡していると、編集部の数人が手分けして、平凡社刊『喜田貞吉著作集』をコピーしてくれた。神田周辺の古書店でも見つからなくて、図書館で借りてきた。すさまじい量の紙片《しへん》が段ボールで送られてくる。喜田没後四十年も経過した時点で、雑誌発表の断片をさがし出し、十四巻にもわたる著作集を編んだ。その歴史学者の熱意を感じた。無駄にしてはならない。わたしが書いてもなんの力もないが、勉強するつもりで読み始め、読みつづけ、依頼された仕事を終えた。ひとりの人間の脳に刻まれた膨大な知の集積回路。本は、『喜田貞吉』というタイトルで、一九九九年九月、三一書房から刊行できた。

ここでは紙数もないので、かれの達成の、ほんの一部を紹介する。ひとつ、被差別部落の研究、ふたつ、ひろいパースペクティブで賤民をとらえなおした論考。これらは、今日に通じる内容なのだろう。電子本もふくめて容易に読める。

右のふたつの喜田の仕事は、大正になってのことである。ロシア革命、シベリア出兵、米価高騰に生活をおびやかされた市民の暴動とつづき、一九一九年（大正八年）には、部落民同情融和大会、京城（ソウル）では反日独立運動が空前の盛りあがりを見せる。書きたいことが山のようにあったのだろう、「歴史地理」の誌面を間借りするだけでは追いつかず、「民族と歴史」という自分の雑誌を作った。

創刊半年後の七月の誌面が、「特殊部落研究号」と銘打たれた特集で、三百数十ページを部落史のテーマで埋めつくした。当時の社会の規範に照らせば、破天荒な冒険であった。代表の論考は、「特殊部落の成立沿革をを略叙してその解放に及ぶ」(注)で、各論が付属した。官学イエスマンには絶対にできない内容だ。時宜を得ていたのだろう、話題になった。

部落の特性を、①屠者②皮細工人③河原者とした。そのうえで古代の屠者《としゃ》を、猟師と猪《い》飼《かい》で代表させ、やがて牛馬の処理もする。②皮細工人《かわさいくにん》は、京都鴨川の河原に小屋掛けしていたので③河原者とも呼ばれる。同じ河原で生活していても、皮革製作にたずさわらない者もいて、「非人」と称した。両者を分かつのは「ケガレ」の概念である。死牛馬に接触する仕事への忌避感《きひかん》が底流にある。（処刑の手伝いやハンセン病者の世話、街路・河川の清掃、葬送の仕事など、現実ではケガレの対象が複雑にからみあっている）。

「えたの定義」の①②③は明快であったので、その後の学者や運動家に引きつがれ、きわめておおきな影響を残した。マルクス主義者の佐野学《まなぶ》も引用したし、まだ二十歳にならない青年・高橋貞樹《さだき》も『特殊部落一千年史』で踏襲している。しかし、はっきりさせておきたいのは、喜田の論考もまた先行する著作の影響を受けている。柳瀬頸介《やなせけいすけ》の『社会外の社会　穢多非人』のことだ。一九〇一年（明治三十四年）に刊行されたので、十八年ほどのタイムラグがある。

右の本をまず柳田国男が読み、つづいて喜田貞吉も目を通した。柳田は時代の趨勢に押されてか、友人が書いた『破戒』に刺激されてか、一篇だけ被差別部落について論じている。「所謂《いわゆる》特殊部落ノ種類」で、ここに、「柳君ノ著『穢多非人』ハ二十余年前ノ研究トシテハ奇特千万ノ書ナレドモ」と、まちがいだらけだが、柳瀬頸介についてふれている。

柳瀬頸介の研究の仕方も古書史書を探索して、テーマに関係する文言《もんごん》を抜き書きしてくる。参考文献としてあげられている書目は、雑誌もふくめて、八十六項になる。喜田もこのリストに目を通したはずで、未読のものは探して読んだだろう。双方の内容が似てくるのは自然かもしれない。早い時期での「ケガレについての言及」は、柳瀬の最大の功績である。古代では神事《しんじ》のときだけ忌《いみ》をきらったが、仏教によって四時《しじ》始終にひろめられたとする。

一方、喜田は「神にも生贄《いけにえ》として獣類を供え」ていたことを述べ、「仏法では、殺生肉食を悪事」にすると強調した。だが、ここには国家神道に浸透された著者による二重のレトリックが隠されている。仏法渡来以前の、女王卑弥呼のころでもケガレたし、清流の水でもって身をきよめた。『古事記』冒頭の話などもふくめて、喜田はよく知っているくせに、都合の悪いことはなにも言わない。仏徒《ぶっと》についても、かれらが死穢《しえ》にふれるのもいとわず、死者を寺でとむらい、墓地の管理をする。また神仏混淆《こんこう》の知恵によって、日本ではおおきな宗教戦争を回避できた経過についても考えない。

「特殊部落研究号」が出てから九年後、一九二八年(昭和三年)に喜田は再度、同じテーマに取りくみ、それが本書の主要論考『賤民概説』になった。さきの論文が部落の歴史を追うのに力を注いだのにくらべて、こちらは広範囲の雑多な賤民を個別に論じながら、それらの変遷の過程に穢多部落を置いた。右のふたつの研究はおおむね重なるが、後者にはあたらしい事象もつけくわえられ、論の強弱にも変化がある。

「漂泊と定住」という概念は、柳田が「所謂……」で提起し、喜田がうけついで展開した。賤民とはなにかという問いへのひとつの答えだ。貴族や武士、宗教関係者などがよい土地を占有するが、農民もまた五穀栽培のために定住し、「オオミタカラ」と呼ばれる。一方、経済的な理由で零落した者、合戦での敗者、病者、捨て子、犯罪者などは、住むところを求めて流浪する。櫛渕村にもいつからか流れ者の一族が住みつくが、「来《き》たり人《にん》」と呼ばれ、村祭りに参加できない。かれらを喜田は思い浮かべ、また獲物や食物を求めて山間を移動する集団のことも考えた。漂泊もまた賤民のしるしになると即断した。

(穢多身分が無税の土地に定住して生活し、子孫に諸権利を相続している事実をいわない。気がつかなかったのだろうか。もしこのことを問えば、武士擡頭とともに穢多村が城下か近郊に置かれ、そこの頭《かしら》にほかの賤民の統治がまかされた経緯が判明した)。

以下、蛇足になりますが、『賤民概説』の第十節にある、「坂の者」について。「サカノモノがサカンモノになり、、転じてサンカモノとなった」とある。一種の語呂遊びで、戦前の歴史学者は、さがしていた言葉が古典に見つからないとき、この「転じて」をやる。喜田はほかでも、「エトリ」が「エッタ」になったという『塵袋《ちりぶくろ》』の説を諾《うべな》っているし、オロッコ（ウイルタ）が自分たちを「エッタもしくはイェッタ」と呼んでいると聞くと、あれほど「穢多は異民族ではありません」と強調していたくせに動揺する。「坂の者」とは、奈良坂とか京都の清水坂に集住していた非人のことで、「サンカモノ」になったりはしない。維新後になって流布した「サンカ（山窩）」は、ふるい資料には見つからない。せいぜい、「山家」を「さんか」と読んで、山住まいの隠棲びとが、『山家集』を編んでいる。

（二〇一九年五月）

（注）「喜田貞吉著作集」に未収録。内務省主催「細民部落改善協議会」での講演を基調にして加筆修正した内容だ。なぜ著作集からはずされたのかは不明。

本書は二〇〇八年三月、河出書房新社より刊行された。
文庫化に際し、漢字の表記を改め、ルビ、送り仮名を補った。
文章は著者が存命でないことと、執筆時の時代状況の観点から、そのままとした。

日本の昔話(上)　稲田浩二編
神々が人界をめぐり鶴女房が飛来する語りの世界。はるかな時をこえて育まれた各地の昔話の集大成。上巻は「桃太郎」などのむかしがたり103話を収録。

日本の昔話(下)　稲田浩二編
ほんの少し前まで、昔話は幼な子が人生の最初に楽しむ文芸だった。下巻には「かちかち山」など動物昔話29話、笑い話123話、形式話7話を収録。

増補 死者の救済史　池上良正
未練を残しこの世を去った者に、日本人はどう向き合ってきたか。民衆宗教史の視点からその宗教観・死生観を問い直す。「靖国信仰の個人性」を増補。

ラーメンの誕生　岡田哲
中国のめんは、いかにして「中華風の和食めん料理」へと発達を遂げたか。外来文化を吸収する日本人の情熱と知恵。丼の中の壮大なドラマに迫る。

神話学入門　大林太良
神話研究の系譜を辿りつつ、民族・文化との関係を解明し、解釈に関する幾つもの視点、神話の分類、類話の分布などについても詳述する。　(山田仁史)

アイヌ歳時記　萱野茂
アイヌ文化とはどのようなものか。その四季の暮らしをたどりながら、食文化、習俗、神話・伝承、世界観などを幅広く紹介する。　(北原次郎太)

異人論　小松和彦
「異人殺し」のフォークロアの解析を通し、隠蔽され続けてきた日本文化の「闇」の領野を透視する。新しい民俗学誕生を告げる書。　(中沢新一)

聴耳草紙　佐々木喜善
昔話発掘の先駆者として「日本のグリム」とも呼ばれる著者の代表作。故郷・遠野の昔話を語り口を生かして綴った一八三篇。　(益田勝実/石井正己)

新編 霊魂観の系譜　桜井徳太郎
死後、人はどこへ行くのか。事故死した者にはなぜ特別な儀礼が必要なのか。3・11を機に再び問われる魂の弔い方。民俗学の名著を増補復刊。　(宮田登)

ちくま学芸文庫

賤民《せんみん》とは何《なに》か

二〇一九年八月十日　第一刷発行

著　者　喜田貞吉（きた・さだきち）

発行者　喜入冬子
発行所　株式会社　筑摩書房
東京都台東区蔵前二―五―三　〒一一一―八七五五
電話番号　〇三―五六八七―二六〇一（代表）
装幀者　安野光雅
印刷所　中央精版印刷株式会社
製本所　中央精版印刷株式会社

ISBN978-4-480-09934-1 C0121